[江西财经大学生态文明研究院生态文明建设文库]

旅游社区依恋

/ 研究 /

唐文跃　张腾飞　王东昊◎著

国家自然科学基金项目（41461030）研究成果

TOURISM
COMMUNITY
ATTACHMENT

经济管理出版社
ECONOMY & MANAGEMENT PUBLISHING HOUSE

图书在版编目（CIP）数据

旅游社区依恋研究/唐文跃，张腾飞，王东昊著. —北京：经济管理出版社，2020. 12
ISBN 978-7-5096-6211-3

Ⅰ. ①旅⋯　Ⅱ. ①唐⋯ ②张⋯ ③王⋯　Ⅲ. ①旅游业—社区管理—研究—中国
Ⅳ. ①F592. 61

中国版本图书馆 CIP 数据核字（2020）第 252740 号

组稿编辑：王光艳
责任编辑：王光艳　亢文琴
责任印制：黄章平
责任校对：陈晓霞

出版发行：经济管理出版社
　　　　　（北京市海淀区北蜂窝 8 号中雅大厦 A 座 11 层　100038）
网　　址：www. E-mp. com. cn
电　　话：(010) 51915602
印　　刷：唐山昊达印刷有限公司
经　　销：新华书店
开　　本：720mm×1000mm /16
印　　张：10. 25
字　　数：178 千字
版　　次：2020 年 12 月第 1 版　2020 年 12 月第 1 次印刷
书　　号：ISBN 978-7-5096-6211-3
定　　价：68. 00 元

前言

FOREWORD

　　旅游业在提高国民生活质量方面的重要作用已被越来越多的国家和地区所肯定。2016 年，旅游业被我国列为五大幸福产业之首，成为新时代人民获得感、安全感、幸福感的重要推动力。旅游社区是旅游地社区化或社区旅游化的产物，社区旅游是居民参与旅游开发最广泛、居民生产生活受旅游影响最直接、居民对旅游开发的影响感知最真切的一种旅游业态和类型。然而，旅游社区也是利益矛盾冲突最激烈、社会问题最多的旅游地类型之一，极大地影响着旅游业的高质量发展和社会的和谐稳定。

　　我国的自然遗产地、自然保护地和风景名胜区普遍分布有居民点，长期以来，这些旅游地内的居民对自然资源及旅游经济有较大的生计依赖。随着旅游业的快速发展，游客和居民生活产生的废弃物给这些旅游地的生态环境保护带来了很大的压力。随着游客的增多，旅游地的环境容量和旅游开发所需的旅游项目用地成为这些旅游地面临的现实问题。如何解决自然遗产和生态环境保护、旅游开发与居民生产生活之间的矛盾，是自然旅游地开发和管理中具有普遍性的突出问题。面对自然旅游地的这些人地矛盾，居民搬迁已成为一种被广泛采用的解决方案。一方面，将散居于自然旅游地的农户迁至一处集中安置，将其耕地退耕还林还草，有利于自然遗产及生态保护；另一方面，居民集中安置也有利于土地的集约化利用，为旅游项目开发和旅游设施建设腾出空间和土地。

　　古村落是我国乡村旅游的热点旅游目的地。旅游开发一方面促进了地方文化的挖掘、展示和传承，增强了村民对古村落传统文化的价值认知和保护意识，有利于古村落的保护，另一方面也带来了过度商业化、原真性的丧失等问题，对古村落的传统文化造成了冲击。在旅游开发背景下，古村落中普遍存在着旅游开发与古村落保护、居民生活居住条件改善与古民居保护之间的尖锐矛盾。

针对这些矛盾和问题,在古村落的保护实践中,目前主要借助文物保护的法律手段和旅游收益分配的经济手段来增强居民的保护意识。有些古村落采取在古村落外建设居住新村以外迁居民的办法,来缓解这一矛盾。

以上出于保护资源环境、提高景区环境承载力以及改善景区居民居住条件而实施的居民搬迁计划,在实施过程中普遍采取资源环境保护的法律手段、安居就业优惠政策的行政手段、货币补偿的经济手段来获得居民的配合与支持,而忽视了居民对原居住地的地方依恋这一地方情感因素对居民的保护意识和行为、迁居态度与行为的影响,也忽略了这种搬迁对居民的地方情感的影响,以及对旅游地的可持续发展和居民的可持续生计可能带来的不利影响。因此,应开展相关研究,综合分析影响居民搬迁的各种因素,全面评估居民搬迁的经济、环境和社会文化影响,为制订科学的搬迁计划提供参考。

随着信息通信技术的迅猛发展,尤其是互联网的普及,人们的交往空间从现实空间扩展到虚拟空间,虚拟空间已成为人们必不可少的生存和生活空间,人们在虚拟空间中交往从而形成社区。在旅游与互联网深度融合的背景下,旅游虚拟社区开始大量涌现出来。旅游虚拟社区已成为分享旅游资讯、寻找旅游同伴、组织旅行活动、宣传和建设旅游地品牌的重要平台,以及旅游业经营者维护客户关系的重要渠道。旅游虚拟社区经常组织线下旅游活动,也是一些旅游企业和旅游地的利基市场(Niche Market),但这一市场往往被忽视。旅游虚拟社区成员通过线上线下的交往,会形成一定的社区意识和社区依恋,这种社区意识和社区依恋是维系旅游虚拟社区、促进成员参与旅游品牌价值共创、提升线下旅游体验的重要影响因素,学界和业界对此均缺乏足够的认识和重视。

本书借鉴地方依恋理论,从人地关系的视角探讨旅游社区(包括旅游虚拟社区)中居民(成员)与社区的情感依恋关系及其特征、这种依恋对居民的资源保护态度和迁居意愿的影响、成员的虚拟社区依恋的影响因素及其形成机制,以及这种虚拟社区依恋对旅游虚拟社区运营管理、旅游企业线上营销和旅游地管理的意义。本书关注旅游开发的地方情感和心理效应,从别样的视角探讨旅游开发给旅游地居民带来的获得感、安全感和幸福感,以期为旅游社区治理的研究和实践提供参考和借鉴。

唐文跃

2020 年 10 月

目 录

CONTENTS

旅游社区概述

第一节 社区与虚拟社区

一、社区概述

(一)"社区"的由来

"社区"一词,作为社会学的一个基本概念,起源于西方社会,是与工业革命后西方世界的工业化、城市化以及现代化进程相伴随而出现的。"社区"作为一个正式的学术术语,1871 年首次出现在英国学者 Maine 的《东西方村落社区》一书中。1887 年,德国社会学家、哲学家 Ferdinand Tonnies 在其出版的《社区与社会》(也译为《共同体与社会》或者《礼俗社会与法理社会》)一书中将"社区"正式用于社会学理论研究之中。此后,美国学者 Loomis 在其著作《社会学的基础概念》一书中,将德语的"Gemeinschaft"翻译为英文的"Community"。自此,"社区"一词产生并在学界和社会各领域中得到了普及与应用(原珂,2016)。中文"社区"由"Community"翻译而来。1933 年,费孝通等燕京大学的一批青年学生,在翻译美国社会学家 Robert Ezra Park 的社会学论文时,第一次将"Community"一词译成了"社区",从而成为中国社会学的通用术语（刘君德等，2003）。

学界对社区的研究大多是从 Ferdinand Tonnies 的界定开始的。Ferdinand Tonnies 是德国现代社会学的奠基人之一，他在书中深刻阐明了人类群体生活中的两种结合类型：共同体与社会。在 Tonnies 看来，社区（也称为共同体或礼俗社会）是一种持久的和真正的共同生活，是一种原始的或者天然状态的人的意志的完善的统一体。他认为，共同体是基于亲族血缘关系结成的社会联合。共同体不但能在建立在自然的基础之上的群体（家庭、宗族）里实现，也可能在小的、历史形成的联合体（村庄、城市）以及在思想的联合体（友谊、师徒关系等）里实现。血缘共同体、地缘共同体和宗教共同体等作为共同体的基本形式，它们不仅仅是它们的各个组成部分加起来的总和，而且是有机地浑然生长在一起的整体。不同于"社区"基于本质意志，其社群意志是通过社区和睦、伦理习俗、宗教等来表现的，"社会"（也称为"法理社会"）是基于人们之间的契约关系和"理性的"选择意志所形成的社会联合，其社群意志则表现为惯例公约、政治、公共舆论等。社会产生于众多的个人的思想和行为的有计划的协调，个人预计共同实现某一种特定的目的会于己有利，因而聚在一起共同行动。社会是一种目的的联合体，也是一种"人的群体，他们像在共同体里一样，以和平的方式相互共处地生活和居住在一起，但是基本上不是结合在一起，而是基本上分离的"。在两者的关系上，用 Tonnies 的话来说就是"在共同体里，分离中仍保持着结合；在社会里，结合中仍有所分离"。在人类的发展史上，社会的类型晚于共同体的类型。

（二）社区的定义

Tonnies 的社区概念，最初是指由具有共同价值观的同质人口组成的、关系亲密的、富有人情味的社会关系和社会团体（奚从清，1996）。自 1887 年 Tonnies 提出社区概念以来，人们赋予它的含义不断变化，对这一概念的表述也是多种多样，莫衷一是。不同学科对社区概念的理解有较大差异。人类学将社区看作人们的一种生活方式，社会学则把社区看作一种社会的互动，而人类生态学则视社区为一个空间单元等。时至今日，随着社会的进一步发展，社区一词的含义还在不断发展与丰富之中。

在我国，社区一直是一个很模糊的概念，不同的学者对社区概念有不同的理解（程玉申，2002）（见表1-1）。《辞海》对社区的解释是："以一定地域为基础的社会群体。"[1] 何肇发（1991）认为，应该界定一个非常宽泛的社区概念，即社区就是区域性的社会。奚从清（1996）认为，社区就是聚居在一定地域中人群的社会生活共同体。2000年，《民政部关于在全国推进城市社区建设的意见》指出，社区是指聚居在一定地域范围内的人们所组成的社会生活共同体。城市社区的范围，一般是指经过社区体制改革后做了规模调整的居民委员会辖区。"居民委员会辖区"这一界定，使社区拥有了几个从根本上有别于城区和街区的特征：首先，从空间上看，社区是社会组织的最小区域单位，但不是行政区域。其次，从规模上看，通常比社区体制改革前的居民委员会辖区大，而比街区小。根据多数城市社区体制改革的实践，大多数社区居民委员会辖区的规模为1000户左右。最后，从性质上看，社区居民委员会是城市基层群众性的自治组织，不隶属于政府行政管理系统，但它实际上是一个基层的行政实体，带有自上而下的行政色彩，是一种政府化的社区组织实体。以上几个特征又决定了社区作为社会组织的"细胞"，是自上而下的行政力和自下而上的自治力作用的交点，是居民个体和居民群体相链接的结点（刘君德等，2003）。不论如何界定，国内大多数学者对社区的定义都包含以下几个基本要素：一定的地域空间、人群、利益、情感联系与价值认同等。然而，随着社会的持续转型与现代社区的不断发展，上述基本要素还在不断地发生着微妙的变化，多样化的利益与诉求、多元情感、价值和认同等已愈发成为现代社区的重要特征（原珂，2016）。

表 1-1　我国部分学者对社区概念的理解

代表作者	社区定义表述	社区构成要素
费孝通 （1985）	若干社会群体或社会组织聚集在某一地域里形成的一个在生活上相互关联的大集体	①以一定生产关系、社会关系为基础组成的人群；②有一定的区域界限；③形成了具有一定地域特点的行为规范和生活方式；④居民在情感上和心理上具有对社区的乡土概念
郑杭生 （1991）	进行一定社会活动、具有某种互动关系和共同文化维系力的人类生活群体及其活动区域	①一定的区域；②一定的人群；③共同的行为规范、生活方式和社区意识；④各种社会活动和互动关系，最重要的是经济活动

---

① 夏征农. 辞海［M］. 上海：上海辞书出版社，1999.

代表作者	社区定义表述	社区构成要素
王康 (1988)	一定地域内按一定社会制度和一定社会关系组织起来的、具有共同人口特征的地域生活共同体	①按一定社会制度和社会关系组织起来进行共同生活的人口；②有一定的地域条件；③有自己特有的文化、制度和生活方式；④居民在感情和心理上具有共同的地域观念、乡土观念和认同感
袁方 (1998)	由聚集在某一地域中的社会群体、社会组织所形成的生活上相互关联的社会实体	①一定的区域；②一定的人群；③共同的行为规范、生活方式和社区意识；④各种社会活动及其相互关系
方明等 (1991)	聚集在一定地域范围内的社会群体和社会组织，根据一套规范和制度结合而成的社会实体，是一个地域社会生活共同体	①以一定生产关系和社会关系为纽带组织起来的、达到一定数量规模、进行共同社会生活的人群；②人群赖以从事社会活动的、有一定界限的地域；③一整套相对完备的生活服务设施；④一套相互配合的、适应社区生活的制度和相应的管理机构；⑤特定的文化、生活方式，以及与之相联的社区成员对所属社区在情感上和心理上的认同感和归属感
吴铎 (1998)	一个地域内的主要社会活动或者生活方式基本上属于同一类型的相对独立的地区性社会	①一定的区域；②同一类型的社会活动或者生活方式；③一定的人口；④一定的管理体系

资料来源：参考程玉申所著的《中国城市社区发展研究》。

(三) 社区的内涵

社区的基本内涵主要可从居民（社区人群）、地域（社区空间）、文化（社区背景）、组织（社区的社会组织）、认同（社区的归属感）等方面进行分析（刘君德等，2003）。

首先，社区具有社会性，每个社区就是一个社会。社会性是社区的主要特质，集中体现在社区的群体性、文化性、组织性和情感性上。社区是包括人群、地域及社会关系的社会实体，是一个具体的社会单位；社区是一个社会组织单位，其内部是一个各部门组织联系紧密、多种功能相互依赖的结合体。社区有代表社区居民共同需要和共同利益的社会组织。社区组织可以是正式的，也可以是非正式的，但都是为了解决社区的共同问题，实现社区的共同目标；社区是一个有秩序的社会体系，长期的社会互动使社区中形成许多不同的社会角色和社会地位。

其次，社区通常被视为一个人们居住生活的场所，具有地域性，是一个地域性社会生活共同体，即地域性的社会。社区具有一定的地理空间边界，地理空间意义上的地域概念是社区内涵中的重要因素。对于社区的地域性，学界也有不同的认识。有的认为，社区的本质是其社会结构，而不是它的空间结构，社会结构并没有严格的空间地域限制。另一些学者则强调社区是一定地域范围内社会互动的产物，地域性应当成为社区概念的组成部分。后一种观点以美国城市社区研究的先驱 Park 为代表，他认为社区是占据在一块被或多或少明确地限定了的地域上的人群汇集。这种观点从 20 世纪初一直延续到现在，具有普遍性。尽管学者们对社区概念的具体表述各不相同，但仍然可以找到相近的内涵，"地域""共同联系"和"社会互动"是构成普遍认同的社区结构要素。例如，Dotson（1986）从社会学的角度把社区定义为具有认同感和归属感的人组成的社会组织的地域单元。

再次，社区是一个具有共同心理及文化特性的结合体，具有文化性。人们在一个社区里长期共同生活，久而久之，形成了社区特有的生活方式、风俗、礼仪等制度，这就是早期的人类社区生活。在一个成熟的社区里，社区居民具有共同的生活方式、价值观念、理想目标、信仰、伦理道德、精神思维、行为方式、组织制度、语言、风俗习惯、居住区建筑形态等。上述诸多文化内涵的有机组合构成了一个社区的特定文化特征。

最后，社区具有情感性。人们在特定的社区里长期共同生活，会产生一种对社区的认同心理，形成群体意识和共同体意识，如同一个人对他的故乡往往有一种情结，认为这个地方是属于他的，而他也是属于这个地方的。他会关注、关心这个地方（社区），愿意参加这个社区的各种活动，对这个社区的建设所取得的成绩，也有一种荣誉感。认同感是社区的一个基本要素。它既是社区内部同一性的反映，又是体现社区之间差异性的标志（唐顺铁，1998）。因此，社区的情感性体现在对社区的认同性、归属感和依恋感上。

（四）社区的类型

大体上，社区可以分为乡村社区和城市社区。由于城乡之间在自然地理环境、产业结构与发展、社会历史文化等方面存在的差异，乡村社区和城市社区存在明显的差异（见表 1-2）。这种差异使乡村社区和城市社区表现出不同的社会结构、社会过程、社会联系与社会行为。

表 1-2　乡村社区与城市社区的差异

	乡村社区	城市社区
受自然环境的支配作用	较强	较弱
人口密度	低	高
人口的流动性	低	高
人口的职业结构	单一,传统的农牧业和一些简单的乡村工业	复杂
人口的同质性	高,血缘关系为纽带	低,业缘关系大大超过血缘关系,社区成员的异质化程度高
人口的聚居程度和规模	聚居程度低,规模小	聚居程度高,规模大
社会组织	不发育,乡规民约管理	发育,制度化管理
组织结构	简单	复杂

资料来源:参考刘君德等所著的《中国社区地理》。

二、虚拟社区的发展

(一)虚拟社区的源起与定义

随着信息通信技术的迅猛发展,尤其是互联网的普及,虚拟社区开始大量涌现,为人们构建了一个脱离于现实社区之外的虚拟社会空间,加强了人们之间的线上联系和交流。虚拟社区是由具有共同兴趣、爱好及需要的人们,通过各种形式的电子网络,以网上论坛、网上聊天室、博客、微博、电子公告牌(BBS)、MSN、QQ、微信、Facebook、Twitter 等为载体,在网络上聚集而形成的群体及空间,又称为"在线社区""网络社区"等。虚拟社区(Virtual Community)这一概念最早由 Howard Rheingold 在 1993 年出版的著作《虚拟社区:电子疆域的家园》(*The Virtual Community:Homesteading on the Electronic Frontier*)中首次提出,此书将其定义为"一群主要凭借计算机网络彼此沟通的人们,他们彼此有某种程度的认识,分享某种程度的知识和信息,在很大程度上如对待朋友般彼此关怀,从而形成的团体"(Rheingold,1993)。Pentina 等(2008)认为,虚拟社区是在以计算机为媒介的可持续互动中由许多个体为满足个人和共同的需要,围绕共同的兴趣或目的、秉承共同的规范和价值观自发形成的群体。

虚拟社区的出现最早可追溯到 20 世纪 70 年代，最初的形式为电子公告板（BBS）。真正意义上的虚拟社区是诞生于 1984 年的全球电子讨论链（Whole Earth Electronic Link），它首次实现了"虚拟邻里关系"的交互式协商和讨论，现已发展成为全球著名的虚拟社区之一（柴晋颖，2007）。1997 年，将自身定位为"促进人们彼此联系沟通的工具"的 SixDegree.com 网被创建出来，它首次集合社交网站的各项功能于一身，实现了真正意义上的用户在线交流与互动。在中国内地，虚拟社区的出现是以 1998 年 3 月大型个人社区网站西祠胡同的创办和 1999 年 6 月 ChinaRen 的创办为标志的。西祠胡同主要发展以讨论版组群为主导的社区模式，而 ChinaRen 以聊天室为核心，开发了邮件、日志和游戏等一系列的服务内容①。这一阶段的虚拟社区没有严格的社区规章制度，社区成员的各种言论和行为不会受到约束；同时，社区成员可以自由地加入到虚拟社区中，加入社区时成员的各项身份信息都是隐藏的，因此虚拟社区的开放性和虚拟性得到了很好的体现。2003 年，社交型网络社区 SNS（Social Networking Service）开始迅速兴起，社区功能也更加全面，包括信息搜索、社区营销等功能，如美国的 Myspace 和 Facebook，中国的开心网、QQ 群、微信群和一些游戏类社区等。这类社区通常采用实名认证的方式，真正实现了人与人之间的对话，促进了社区成员建立属于自己的社交圈子。近年来，随着信息通信技术的进步，虚拟社区开始从 2D 逐步向 3D 转变，大大提升了虚拟社区的真实感。

在 Web 1.0 时代，几乎所有的论坛都是按照主题对版面和聊天室进行分类，人们聚集在某一主题的版面或聊天室进行沟通交流。有一类虚拟社区的联系纽带，不是人与人之间的关系，而是某一网络空间及其产生的信息，故称之为"空间型虚拟社区"。Web 2.0 时代，以关系网络为基础的新形态的虚拟社区（如微博、Facebook、Twitter 等）兴起，人们在社交网络中通过建立关系来开展社会互动。这一类虚拟社区的联系纽带是人与人之间的关系，故称之为"关系型虚拟社区"。与空间型虚拟社区相比，关系型虚拟社区更强调"关系"，并且基于关系建立起虚拟与现实间的融合与互动（黄雪亮等，2016）。然而，如果成员没有形成社区感，那么在线的讨论群和聊天室只不过是一群人的聚集，而非真正意义上的社区。Koh 和 Kim（2003）认为，虚拟社区感包括三个维度：成员感维度，反映成员对虚拟社区的归属感；影响力维度，主要指虚拟社区成员对于成员之间相互影响的感知；沉浸感维度，描述成员沉溺于社区活动的一

---

① 参考中国网新闻中心于 2011 年 2 月 28 日发布的《我国网络社区的发展历程浅析》。

种状态。虚拟社区的核心是社区意识，社区意识表现在：成员之间的认可、相互的支持、因依恋而生的责任感，对自身和对他人的认同以及与其他成员的联系（Blanchard et al.，2004；Jones，1997）。只有当虚拟社区成员之间的互动帮助成员获取了个体身份和成员间的认同（包括个体认同、集体认同、关系认同），并形成了共同的价值观和行为规范时，虚拟社区才具备了社区的特征。在线旅行商（Online Travel Agent，OTA）上的虚拟社区多属于社会群体，较少具备社区的特征。虚拟社区也有空间性，主要体现为虚拟社区的边界性。边界性可通过兴趣爱好来限定，如旅游虚拟社区是由具有共同旅游兴趣爱好或旅游经历的旅游者通过互联网进行互动交流而形成的群体和虚拟空间。边界性还可通过社会网络关系来界定。基于在虚拟社区中长期互动交流形成的熟人圈子，以及在熟悉感的基础上形成的信任感，形成了虚拟社区内部的社会网络关系，由此来区分圈内人和圈外人。成员在虚拟社区中形成的个体身份和群体认同，是界定虚拟社区边界的更为重要的因素。

（二）虚拟社区的类型

按不同的分类标准，可以把虚拟社区分成不同的类型。刘黎虹等（2014）对国内外虚拟社区的分类方法进行了较系统的介绍（见表1-3）。比较有代表性的分类如 Armstrong 和 Hagel（1996）按社区成员的需求将虚拟社区分为交易社区、兴趣社区、幻想社区和关系社区四种。交易社区旨在促进产品和服务的交易并传递交易信息；兴趣社区聚集相同兴趣的参与者就专门的主题进行广泛的交流；幻想社区的成员为了某种幻想而聚在一起；而关系社区为具有一定生活经历的成员提供了密切联系的平台。

表 1-3　虚拟社区分类

研究者	分类依据	虚拟社区类型
Armstrong 和 Hagel（1996）	成员需求	交易社区、兴趣社区、幻想社区和关系社区
Bressler（2000）	参与动机	目的型社区、实践型社区、环境型社区、兴趣型社区
Dholakia 等（2004）	成员关系	网络型虚拟社区和群体型虚拟社区
Li（2004）	互动时间	同步虚拟社区和异步虚拟社区
France Henri 等（2003）	成员目的	兴趣型社区、目标型社区、学习型社区、实践型社区
Ahmad AlMadadha（2008）	发起方	成员发起、组织发起、社区发起

资料来源：参考刘黎虹等所著的《虚拟社区分类系统比较研究》。

Klang 等（1999）从公司经营和盈利性的角度进行分类（见表 1-4），将虚拟社区分成论坛式、俱乐部式、商店式、集市式四类。

表 1-4　Klang 等的虚拟社区分类

	非盈利性	盈利性
公司经营	论坛式虚拟社区	商店式虚拟社区
非公司经营	俱乐部式虚拟社区	集市式虚拟社区

资料来源：参考刘黎虹等所著的《虚拟社区分类系统比较研究》。

赵玲等（2009）参考 Armstrong 和 Hagel 的分类方法定义了国内虚拟社区的类型，并列举了相关实例（见表 1-5）。微信朋友圈是一种新型的虚拟社区。聂磊等（2013）认为，微信朋友圈是一个以强关系为主、弱关系为辅的虚拟社区。微信朋友圈的圈子文化使得属于某个"圈子"的社会成员找到身份定位，有助于形成一种归属感和认同感，个体的角色价值很容易在"圈子"里得到确认和实现。

表 1-5　国内流行的虚拟社区

类型	定义	实例
交易型社区	为信息的交流以及产品和服务的买卖提供方便的虚拟社区，社区成员交流的目的是增加产品或服务的知识或者寻找买卖的机会	1688 商人社区 https：//club.1688.com/ 淘宝 https：//forum.taobao.com
兴趣型社区	对某一具体话题有共同兴趣的人在网络上聚在一起而形成的社区	百度贴吧 http：//tieba.baidu.com 搜狐博客 http：//blog.sohu.com
关系型社区	该类型社区的成员为了维持相互之间的关系而聚在一起，它使具有相关经验的人聚在一起相互支持	QQ 群、QQ 空间、微信群、微信朋友圈
幻想型社区（娱乐型社区）	这种社区支持在网络环境中的个人间的交互及游戏	优酷 http：//www.youku.com 各种网游社区
混合型社区	以上四种类型社区的组合	天涯社区 http：//www.tianya.cn 猫扑 http：//www.mop.com

资料来源：参考赵玲等所著的《基于社会资本理论的虚拟社区感研究》。

(三) 我国虚拟社区的发展

中国互联网高速发展，截至 2020 年 3 月，我国网民规模为 9.04 亿人次，较 2018 年底新增网民 7508 万，互联网普及率为 64.5%，较 2018 年底提升 4.9 个百分点[①]。2009 年《中国网络社区研究报告》将网络社区定义为包括 BBS/论坛、贴吧、公告栏、群组讨论、在线聊天、交友、个人空间、无线增值服务等形式在内的网上交流空间，同一主题的网络社区集中了具有共同兴趣的访问者。该报告从产业的视角将网络社区分为两种类型：一种是以天涯、猫扑、西祠胡同等为代表的综合性、大型虚拟社区平台，拥有较为庞大的用户群体和较大的全国性社会影响力；另一种是基于地方或某些垂直领域的中小型论坛（BBS），如落伍者、商丘生活网等。该报告将中国网络社区的发展分为四个阶段[②]（见图 1-1）。

发展要点				
发展阶段	导入市场	积累用户	探索商业模式	商业模式基本成型
用户诉求	新闻时事	民生化资讯	互动信息	实时信息
社区形式	新闻组	BBS	SNS化	微博客融入
盈利方式	不清晰	传统硬广	传统硬广网络公关植入广告社区电子商务	传统硬广网络公关植入广告社区电子商务无线收入
	1994	1998	2008	2015　（年份）

图 1-1 中国网络社区发展阶段

资料来源：参考艾瑞市场咨询有限公司撰写的《中国网络社区研究报告》。

(1) 导入市场阶段：20 世纪 90 年代中期，由新闻组起步，中国网络社区

[①] 参考中国互联网络信息中心于 2020 年 4 月 28 日发布的第 45 次《中国互联网络发展状况统计报告》。

[②] 参考艾瑞市场咨询有限公司撰写的《中国网络社区研究报告》。

进入导入阶段。用户关注的内容以新闻时事类为主。同时，由于 PC 终端和互联网应用普及方面的限制，网络社区服务尚未形成广泛的用户群，行业发展亦未涉及盈利层面的问题。

（2）积累用户阶段：从 1998 年开始，中国网络社区的发展进入积累用户阶段，以 BBS（论坛）为核心服务的网络社区逐渐被广大网民所认可。该阶段运营商以大型综合类社区为代表，如 1998 年 3 月创办的西祠胡同，1999 年创办的天涯社区和 ChinaRen。该阶段中，用户关注的内容不再局限于新闻时事，转而逐渐民生化、个性化。众多垂直类社区应运而生，社区服务群体被进一步细分。在盈利点的捕捉上，网络社区延续传统网络媒体的经验，以展示推送类的"硬广"为主要盈利方式。

（3）探索商业模式阶段：从 2008 年开始，中国网络社区在一定用户积累的基础上，进入探索商业模式阶段。一方面，SNS 在 2008 年迅速发展，为传统网络社区注入了新思路，以天涯为代表的一批网络社区逐渐尝试在平台中融入 SNS 元素（如"我的天涯"），以维系用户的黏性、互动性以及关系的牢固性，进而挖掘商业价值；另一方面，垂直、区域性社区在细分领域取得进展，开始探索细分市场的商业价值。用户关注的内容逐渐融入好友分享、好友动态等互动信息。在此基础上，社区盈利方式逐渐丰富，包括网络公关、植入式广告、社区电子商务等，其中网络公关的价值尤其受到广告主关注，涌现出一批优秀的社区公关营销案例。

（4）商业模式基本成型阶段：中国网络社区运营商对盈利方式及商业模式的探索，经历了一个过程。根据艾瑞咨询分析，基于中国互联网整体发展（包括移动互联网的发展）和对用户行为的深入研究，2015 年中国网络社区的商业模式基本成型。用户对实时信息的需求逐渐强烈，微博客普遍应用并融入网络社区，由此催生无线收入等新的盈利点。至此，传统硬广、网络公关、社区电子商务、无线收入等各类盈利方式均将经历实践的考验优胜劣汰，最终确立适于社区的商业模式。

当前，虚拟空间已成为中国人的日常生活空间，虚拟生活已成为日常生活的重要组成部分。根据中国互联网络信息中心（CNNIC）发布的第 45 次《中国互联网络发展状况统计报告》，截至 2020 年 3 月，微信朋友圈、微博用户使用率分别为 85.1% 和 42.5%，较 2018 年底分别上升 1.7% 和 0.2%；QQ 空间用户使用率为 47.6%，较 2018 年底下降了 11.2%（见图 1-2）。

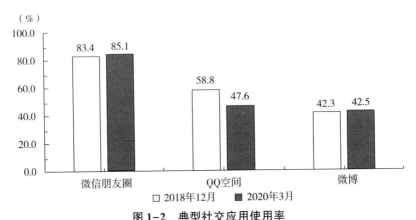

图 1-2　典型社交应用使用率

资料来源：参考 CNNIC 发布的第 45 次《中国互联网络发展状况统计报告》。

第二节　旅游社区的特征

一、旅游社区的内涵

旅游社区至今还没有公认的较全面的定义。从旅游经济的角度来看，旅游社区是一种"社会的旅游产品"。Murphy（1985）认为，应将整个社会呈现给旅游市场，其中地方的友好、居民的文化和生活方式等都属于旅游产品。国内有研究者对旅游社区进行了一些探讨。孙九霞等（2005，2006）认为，旅游社区是内部或周边存在一定的旅游资源可供开发、社区经济的发展完全依赖或主要依附于旅游业及由旅游带动的其他产业的社区形式，是与旅游目的地、旅游风景区内及其周边的旅游活动关联较为密切的社区。孙诗靓等（2007）认为，旅游社区是单一或同时满足旅游者需求或社区就业需求功能的一种社区类型，是旅游地的社区化或是社区在旅游介入和发展过程中形态或功能旅游化的产物。旅游社区的形成是一个演化过程，应从其形成机制理解旅游社区，从"旅游地的社区化"和"社区的旅游化"两条路径来界定旅游社区。①旅游地的社区化。如果景区先于社区存在，景区的发展不仅使所在地成为旅游者的集散地，也引起常住人口的集聚和生产要素的集合，从而通过旅游的"发展极"作用形成社区。旅游社区是在旅游地基础上通过旅游经济内驱力引起人口结构及人口特征等变化的一种社区形态。这些变化包括显性变化和隐性变化。前者主要指由人口和生产要素的集聚和分散等引致的社区形态的变化，而后者包括居民专职旅游化、社区功能、公共服务、社会心理等社区内质的变化。这类社区因旅游而生，或者说是旅游业发展的产物和旅游地社区化的结果。②社区的旅游化。如果社区先于景区存在，旅游的引入使社区的功能发生了转变，也就是社区功能旅游化形成旅游社区。是否具备旅游功能是界定旅游社区的一个重要标准。其一，社区是旅游吸引物之一或是主要的旅游吸引物。其二，旅游业是社区的主导产业，发挥着对内创造产值和对外拉动就业的双重效用，为社区提供主要的发展驱动力。社区居民大多数是旅游从业者，通过参与旅游开发、获得旅游收益为其主要谋生手段。因此，旅游社区是社区的一种类型，只有当一个社区在旅游介入和发展过程中形态或功能旅游化时，它才属于旅游社区。

根据社区的基本内涵及要素，旅游社区可以从社区人群、社区空间、社区文化、社区的社会组织、社区情感等方面进行界定。区分旅游社区与一般社区最重要的因素是旅游的因素。大部分的旅游社区由一般社区演变而来，这种演变的动力来自于旅游开发。旅游开发导致一般社区发生多方面的变化。

一是旅游社区的人群结构复杂化。一般社区的人群结构较为单一，尤其是农村社区，只有村民。城市社区的人群结构较农村社区复杂，包括常住居民和暂住居民（流动人口），但都归属居民一类，此外就是城市社区内的从业者。然而旅游社区的人群结构更为复杂，主要包括当地居民、游客和旅游从业者，而且人群的比重也各不相同。可以说，旅游社区是以当地居民、游客和旅游从业者为主体，以旅游活动、旅游产业为主要联结纽带，相互联系、共同生活的旅游地社会共同体。有些旅游社区在资本和商业化的推动下，当地居民逐渐退出社区，只有少数居民留在社区，甚至完全被游客和旅游从业者所占据，已经没有当地居民的一席之地，居住社区演变成了商业社区。

二是旅游社区的社区空间扩大化。出于旅游开发的考虑，在社区景区化过程中，社区的空间范围得到拓展，功能分区更为明确和多样，空间景观及其文化内涵更为丰富，以满足旅游发展的需要。

三是旅游社区的社区文化多元化。旅游社区拥有地方特色的文化，并以此作为旅游吸引因素。旅游开发中，旅游规划和游客的到来引入外来文化，一方面使原有的社区文化发生变异；另一方面，主客文化也产生文化融合、涵化、出现文化景观符号化，社区文化更为多元。

四是旅游社区的社会组织行政化。在政府主导的旅游开发模式下，旅游社区的社会组织数量增加，组织运作也更规范，出现了行业合作社等组织，原有的宗族组织功能趋于淡化，社会组织承担了部分行政管理的职能。

五是旅游社区的社区情感多样化。在旅游开发背景下，当地居民对社区的情感发生了群体分化：有的居民由于旅游收益的增加、生活水平的提高，社区情感得到了增强；有些居民因为生活居住空间被挤压、生活成本增加等原因，对社区的情感日益淡漠，归属感、认同感和依恋感下降，甚至最终选择离开社区。

二、旅游社区的类型

根据所处的地理位置及其周边的环境，旅游社区通常可以分为城市旅游社区和乡村旅游社区。城市旅游社区相对乡村旅游社区来说基础设施更完善，社会文化环境更多元。对于地理区域范围较大的旅游社区，按照旅游社区内部的空间关系以及社区居民的参与程度，又可以将旅游社区划分为核心社区、中间社区和边缘社区（张继涛，2009）。旅游社区按其旅游资源形成的机理可分为：自然资源导向型旅游社区、历史文化积淀型旅游社区、经济导向型旅游社区和政策导向型旅游社区。自然资源导向型旅游社区和历史文化积淀型旅游社区依托自然资源的先天条件或者历史文化的长期积淀，逐渐形成了稳定性较好的旅游社区，只要在开发时合理地利用和保护，其自然和人文的旅游资源就具有永续利用的价值。经济导向型旅游社区因拥有强大的经济实力及发达的商贸旅游而比较稳定。政策导向型旅游社区的稳定性较差，一旦政策发生改变，建立在政策基础上的旅游吸引力就受到重大影响，但可以通过转化成经济导向型旅游社区而获得较好的稳定性（唐顺铁，1998）。

三、旅游与社区的关系

正确处理旅游开发与社区发展之间的关系，最关键的是当地居民的参与。一般旅游目的地的开发经营及服务的主体可以都来自外地，当地居民少有参与，而旅游社区须以当地居民为主体和基础（唐顺铁，1998）。Murphy（1985）在其《旅游：一种社区方法》（Tourism: A Community Approach）一书中指出："旅游社区应该是一种方法或途径。它从社区的利益出发，由社区控制开发过程，确定发展目标，并由此来追求经济、社会、文化、生态之间的平衡。"社区参与是实现旅游目的地可持续发展的一种有效的、可行的途径与方法。旅游社区的发展离不开当地居民，这是旅游社区与一般旅游目的地的根本区别（唐顺铁，1998）。

　　有效的居民参与可以说是旅游社区得以可持续发展的必要条件，旅游社区中旅游业的发展和社区发展往往相互影响，旅游和社区的不可分离性是旅游社区的重要特征。旅游发展往往对旅游地社区居民的可用资源和传统生计方式带来影响。随着旅游相关的新的生计方式的产生和发展，原有社区的社会和家庭格局也随之改变，贫富差距可能增大，进而带来一些新的社区问题和矛盾。这些旅游发展导致的经济、环境和社会变迁也左右着旅游的进一步发展。因此，实现旅游的可持续发展必须保证旅游地社区的可持续发展。然而，以旅游业为中心的可持续旅游强调自身发展而忽视了社区发展的多元性和动态特征，旅游发展未必能满足社区发展的所有要求。只有将旅游发展与社区发展的目标相结合，注重旅游社区在发展过程中居民的广泛和有效参与，实现利益分配的公平与均衡，才能实现旅游与社区共同的可持续发展（苏明明，2014）。此外，在旅游社区环境的建设和管理以及社区自然、文化资源和设施保护上，应建立一套对旅游者和社区居民共同的约束机制，以减少旅游者和旅游业发展给社区带来的负面影响，防止社区居民对旅游者利益的侵犯（范业正，2000）。

第三节　旅游虚拟社区

一、旅游虚拟社区的概念

　　智慧旅游（也称"智能旅游"）是基于新一代信息通信技术，为满足游客个性化需求，提供高品质、高满意度服务，实现旅游资源及社会资源的共享与有效利用的系统化、集约化的管理变革，是旅游信息化的高级阶段（张凌云等，2012），是一种全新的旅游形态。原国家旅游局将"智慧旅游"写入了"十二五旅游发展规划"，并将2014年确定为"智慧旅游年"。智慧旅游的发展和"旅游+互联网"行动计划的提出极大地推动了旅游虚拟社区的发展。

　　旅游虚拟社区（Travel Virtual Community）是网络虚拟社区的一种重要类

型，是由具有共同旅游兴趣爱好或旅游经历的旅游者通过互联网进行沟通和互动而形成的群体和空间。旅游虚拟社区成员主要围绕旅游类的主题展开交流、发表观点，同时为了维系社区成员之间的感情以及增加社区凝聚力，有的社区也会不定期地组织线下旅游活动。2004 年以来，有关旅游虚拟社区的研究成果迅速增加，但是由于旅游虚拟社区的跨学科特性，学术界对其概念界定和内涵解读并未达成一致。通过相关文献梳理，国内外比较典型的旅游虚拟社区定义如表 1-6 所示。

表 1-6　旅游虚拟社区定义归纳

研究者	定义
Wang 等（2002）	旅游虚拟社区由人群、社区建设目的、社区政策以及计算机系统四个要素构成，可以满足社区成员的功能性需求、社交需求和心理需要
Chang 等（2020）	旅游虚拟社区是由个体构成的一个团体，这些个体在网络空间中创建了一系列新的社交空间以完成旅游相关任务、增加人际之间的关系，以及寻找和发布旅游信息
Chen 等（2019）	旅游虚拟社区是虚拟社区在旅游业中的实际应用，并且已成为大型旅游企业进行消费者关系管理、准确了解消费者需求，以及增强核心竞争力的重要途径
余意峰（2012）	旅游虚拟社区是以电脑为媒介，以旅游者或者潜在旅游者为主体，通过在线方式构建的一种拥有社区本质特征的虚拟社会网络
胡向红等（2015）	旅游虚拟社区是以旅游为社区主题在线上集聚而成的虚拟社会空间，它允许由旅游者自主进行管理，同时能够为旅游者随时随地提供所需的旅游信息
周刚等（2016）	旅游虚拟社区是一个以旅游相关活动为核心聚集目的的特殊类型的虚拟社区，在该社区中社区成员可以获取旅游相关信息、分享旅游体验等
郝文丽（2017）	旅游虚拟社区是由具有共同旅游兴趣爱好或旅游经历的旅游者通过互联网进行沟通交流和互动所形成的网络空间

Wang 等（2004a）认为，旅游虚拟社区成员存在四大基本需求，即功能性需求、社会需求（互动沟通）、心理需求（社区归属感、社区认同、社区感等）和享乐需求。在智慧旅游迅速发展、旅游者的旅游需求和旅游行为日趋个性化的背景下，旅游虚拟社区不仅是旅游者之间信息交流和共享的平台，而且日益成为能够产生文化认同感、心理归属感和情感依恋的精神家园。综合以上概念可知，旅游虚拟社区是一个在信息网络技术支持下，由具有共同旅游兴趣爱好

的访问者自主集聚起来，围绕旅游信息、旅伴寻找以及旅游体验等话题展开交流、互动的网络平台和虚拟社会空间。

二、旅游虚拟社区的特征和类型

根据旅游虚拟社区的定义，可以归纳出旅游虚拟社区的四个典型特征：①虚拟性。社区成员大多采用匿名的方式与其他成员在网络上进行交流、互动，甚至以匿名的方式参与旅游虚拟社区组织的线下旅游活动。②开放性。对旅游虚拟社区中的旅游类话题感兴趣的人都可以自愿加入到社区当中，一般不会受到严格限制。③群聚性。旅游虚拟社区是由一定数量的社区成员聚集在一起形成的社群。④自组织性。旅游虚拟社区是由社区成员依据社区的规章制度共同组织起来的。

根据 Armstrong 和 Hagel（1996）、周刚和裴蕾（2016）的研究，旅游虚拟社区可分为营利型旅游虚拟社区和非营利型旅游虚拟社区两大类。营利型旅游虚拟社区涉及多种交易行为，以盈利为根本目的，也称为交易型旅游虚拟社区；非营利型旅游虚拟社区又被称为非交易型旅游虚拟社区，其主要目的是满足大众旅游需求和帮助企业树立良好的品牌形象，虚拟社区中不存在或极少发生交易行为。依据旅游虚拟社区的运营主体，营利型旅游虚拟社区可进一步划分成三个亚类，具体如表1-7所示。

表1-7　旅游虚拟社区的类型

	类别	亚类别	旅游虚拟社区举例
旅游虚拟社区	营利型旅游虚拟社区	平台型社区	携程网、去哪儿网、马蜂窝网等平台建立的攻略社区
		企业型社区	一些景区、酒店、旅行社在官网中建立的论坛或社区
		地方政府型社区	地方政府在旅游官网中建立的社区或论坛
	非营利型旅游虚拟社区	旅游论坛、旅游博客、旅游微信群、旅游QQ群、旅游贴吧等	

从社区的本义来看，平台型、营利性的旅游虚拟社区并不具有社区的本质特征。现实生活中的社区，人群相对稳定，并具有地域性界限和特征，因而在

长期的生活和互动中，形成具有地方特色的社区文化，并有地方情感的积淀。在线旅行商开发的交流平台以及临时组建的营利性的旅游虚拟社区，人群不固定，任何人都可以在遵守社区协议的条件下加入社区，并来去自由。这种社区也不具备地域性特征，没有地理空间的界限，只具有兴趣爱好的边界和文化特征，对社区也很难形成认同感和归属感，不具有情感性特征。因此，平台型、营利性的旅游虚拟社区并不是真正意义上的"社区"。非营利性的旅游虚拟社区中的驴友俱乐部，则具有社区的一般特征。

驴友俱乐部是一种典型的旅游虚拟社区。有的驴友俱乐部只是提供了一个信息交流的公共平台，仅限于网上交流，不组织线下旅游活动，成员流动性大。有的驴友俱乐部不仅在网络上形成了相对固定的群体，而且还经常组织线下的旅游活动。驴友俱乐部还可大致分为营利性与非营利性两大类。营利性的商业驴友俱乐部主要为驴友提供旅游服务，如丽江驴行天下徒步探险户外俱乐部、成都自由人俱乐部、西藏天路驴友俱乐部、广州自由驴等。非营利性的驴友俱乐部往往以共同的兴趣爱好为维系社区的力量，成员之间联系较紧密，交流较深入，并且经常自助组织旅游活动，如上海兽人部落、驴友之家（Hikers Home）、绿蚂蚁户外运动俱乐部、草驴部落、南京驴友大本营等。这些驴友俱乐部一般吸引某个城市和地区的驴友参加，具有地域性特征。这种地域性为俱乐部组织开展线下旅游活动提供了条件。非营利性的驴友俱乐部也形成了驴友文化，能满足驴友心理上、情感上和精神上的需要，因而具有社区的文化性、情感性特征。

社区依恋研究的理论基础

第一节　地方、虚拟地方与地方感

一、地方与地方感[①]

人与地理环境的关系可以从人的感觉、心理、社会文化、伦理和道德的角度来认识（Tuan，1976）。地方理论（Place Theory）是从人文主义视角对人地关系进行诠释。地方是地方理论的基本概念。现象学把地方看作是一种基于景观、活动及其意义的整体的综合的感知体验。Tuan（1974）、Relph（1976）等学者从现象学视角在人与环境的关系、地方本质等方面展开了深入研究。Relph在其《地方与无地方性》（*Place and Placelessness*）一书中从现象学视角探讨了地方的本质，涉及不同类型的空间和地方、地方的身份（Identity of Places）、地方真实感的营造（Authentic Place-making）、无地方性（Placelessness）和地方前景（Prospects for Places）等问题。Steele（1981）认为，地方不仅仅是物质的概念，还应该是心理的或相互作用的概念，地方具有认同（Identity）、历史（History）、想象（Fantasy）、神秘（Mystery）、快乐（Joy）、惊奇（Surprise）、

---

① 唐文跃. 旅游地方感研究 ［M］. 北京：社会科学文献出版社，2013.

安全（Security）、活力（Vitality）、回忆（Memory）等特征。

人与特定地方之间的情感联结关系是人地关系研究的重要课题。

Wright（1966）首创"Geopiety"（敬地情结）一词，用于表示人对自然界和地理空间产生的深切敬重之情（约翰斯顿，2004）。Tuan（1974）把"Topophilia"（恋地情结）引入地理学中用于表示人对地方的爱恋之情，更广义地说，是整个人类与物质环境的感情纽带。在《恋地情结》（Topophilia）一书中，Tuan（1974）研究了人与地方之间情感上的联系，强调感知环境的方法。Tuan（1976）认为，人文主义地理学研究"人与自然的关系、人们的地理行为以及人们对空间和地方的情感和思想"。Relph（1976）认为，我们在某个特定地方的经历，无论是与他人共同的还是个人的，总会有一些什么使我们与那个地方紧密相连，这就是"我们在地方的根"。Relph 发现这种对地方的联系是人类的一种重要需要，即"扎根于地方就是拥有一个面向世界的牢固基点，就是把握一个人在事物秩序中自己的位置，就是对特定地方的精神上和心理上的深深依恋"（理查德·皮特，2007）。

地方感是一个场所激起的人的反应模式，这些反应是场所特征和人赋予场所的要素（如期望、目的、情绪和偏好）共同作用的产物。Steele（1981）在其《地方感》（The Sense of Place）一书中详细阐述了地方和地方感的概念、地方感的影响因素、地方精神及其长期影响、地方感的短期影响、地方感的改善途径等问题，充分体现了人地相互作用的思想。Steele 认为，地方感是人与地方相互作用的产物，是由地方产生的并由人赋予的一种体验，从某种程度上说是人创造了地方，地方不能脱离人而独立存在。从某种意义上说，地方感是属于人与地方相互关系中的环境心理研究范畴。环境感知是国外游憩地理学和环境心理学研究的重要内容，早期的环境心理和感知研究始于 20 世纪 50 年代。Lynch 是人与环境关系研究的先驱之一，其著作从环境设计视角为地方研究奠定了基础。20 世纪 70 年代，Ittleson（1973）把环境感知描述为认知、情感、解释和评价等要素共同作用的产物，通过感知人们赋予环境某种特殊的意义与价值，进而影响人们的环境决策与环境行为。

地方感是一个多维属性的概念。从属性特征上看，地方感可以是即时的和积淀的，非情感的和情感的，变化的和稳定的，个人的和群体的，积极的和消极的；从类型上看，地方感大体上可分为地方体验和地方情感两大类。体验包括一个人认识和构建现实的各种模式，从直接和被动的嗅觉、味觉和触觉，到积极的视觉感知和间接的象征模式（Oakeshott，1933）。这里所说的地方体验主要是指人以特定地方为感知对象，在人的态度、期望和目的等因素影响下形成的对特定地方的感知评价和意象，以及赋予地方的特殊意义与价值，探讨的主题包括环境的情感评价、地方意象、地方性与无地方性、地方精神（Spirit of Place）等；地方情感主要包括地方依恋、地方认同和机构忠实等方面。地方体验与地方情感之间的主要区别在于，地方体验通常是即时形成的、不够稳定的，而地方情感如地方依恋和地方认同等则需要长期生活于其中的积淀，是相对稳定的。人与特定地方之间形成的地方体验和地方情感是地方感研究的两个主要视角和领域。

地方性是地方理论的另一个重要概念。地方性是一个地方拥有的特质，是一个地方所具备的有别于其他地方的独特性。独特性是地方性的基本要素，经常表现在地域性的自然环境和社会文化上。除了独特性之外，人文主义地理学认为，地方性还具有主体性。该学派认为，不同的人对一个地方的经验、认识和认同也不同，对一个地方的地方性的描述也不一样，因而地方性离不开主体的经验。

Relph（1976）认为，任何一个地方都有客观物质、功能（活动）以及意义三重属性，地方性就体现在这三重属性中。其中，地方意义（Place Meaning）是人们赋予地方的象征意义、思想感受、态度和价值等，是地方的主观属性。不同的人赋予地方不同的意义，地方意义是复杂多样，甚至相互冲突的。从以上论述不难看出，地方、地方性、地方感等概念之间存在着比较多的内涵交叉与重叠。

二、虚拟地方与地方感

进入信息时代，人类的生存空间发生了由现实地理空间向网络虚拟空间和现实地理空间融合的转变。国际地理联合会（IGU）通信网络与电信（CNT）地理委员会主席巴凯斯教授（2000）把"地理空间"和"网络空间"融合演变形成的空间称为"地理网络空间"（Geocyberspace）。网络虚拟环境成为人类生存环境不可忽视的组成部分。地理学的研究核心——人地关系和地理环境的内容与构成也因此有了极大的改变，必然包括人与虚拟环境的关系。虚拟空间的人地关系不仅是现代和未来地理学的基本理论问题之一，也是与未来社会发展密切相关的实际问题（张捷等，2000）。从地理学角度研究网络虚拟空间问题，逐渐发展成虚拟地理学。

虚拟空间还是地理空间的社会性研究的新兴研究领域。空间内涵随着人文地理学所经历的三次变革即"区域差异—空间分析—社会理论"而不断演进（石崧等，2005）。20世纪六七十年代以来，人文地理学的空间概念发生了"社会转向"，即由"空间分析"转向"社会理论"。法国哲学家 Lefebvre（1991）的"空间生产（The Production of Space）"社会空间观拓展了空间的内涵，开启了空间的社会性转向，他认为空间具有社会性、历史性和生产性，空间的意义与价值在社会实践过程中被生产和创造出来，空间与社会具有辩证统一的关系。空间不是社会关系演变的容器，而是社会的产物，空间还反映和反作用于社会（Lefebvre，1991）。虚拟空间显著的社会性特征使其成为人文地理空间研究"社会转向"下的重要研究对象和领域。

国外有学者认为，虚拟空间同样具有地方性而成为"虚拟地方"（Adams，1998）。许多虚拟空间具备了与现实空间相同的情感和精神上的意义和价值。国内学者也指出，应该引入现实地理环境研究中已有的方法和术语（如地方感、象征空间、人们对空间的感知和态度、空间的意义与价值等）对虚拟空间进行人文地理学研究（张捷等，2000）。人与虚拟社区的情感关系是虚拟空间中特殊的人地关系现象，也是一种新型的社会—空间关系。人们在虚拟社区中交流，有的还会走出网络组织活动，成为一个半虚拟的社区。由于社区成员大多是志同道合的网友，因而沟通起来障碍更少，更容易让人对这种社区产生认同感和归属感。因此，在虚拟空间中，虽然缺少物质空间中的那种空间感，但依然存在社区感，这是地方感在虚拟空间中的表现形式。

虚拟空间地方感的另一种形式是虚拟地方迷恋感。有些人（尤其是青少年）沉迷于网络游戏，网吧成了这些人最喜欢的场所，同时在网络上形成了游戏社区，游戏者沉浸在虚拟空间中达到忘我的境界。这个群体实际上是同时对物质空间（如网吧）和虚拟空间产生强烈的依赖和迷恋，这种对虚拟空间上瘾、着魔的情感可称为虚拟地方迷恋感。虚拟社区情感依恋研究是认识虚拟空间的社会、文化和情感意义的重要途径，是地理学人地关系研究的特殊领域和视角。

第二节　地方依恋与地方认同[①]

事实上，地方感是关于人们对特定地理场所（Setting）的信仰、情感和行为忠诚的多维概念。地方感的内部构成及类型之间也存在概念内涵上的相近或重叠，如地方依恋（Place Attachment）与地方认同（Place Identity）都有较多的情感成分，一些研究者将地方认同作为地方依恋的一个构成维度，认为地方认同是人对地方的情感性依恋。Hummon（1992）不仅提出了四种地方感：根植性（Rootedness）、异地性（Alienation）、亲缘性（Relativity）、无地方性（Placelessness），而且还提出了三个层次的社区情感：依恋（Attachment）、满意（Satisfaction）、认同（Identification）。Pretty 等（2003）把地方感分为地方依恋、社区感和地方依赖三个维度，研究了这三个维度对地方认同的识别特征。20 世纪 90 年代以来，地方依恋和地方认同是国外地方感研究的热点与重点。

一、地方依恋

地方依恋是人与特定地方之间的情感联结关系，是地方感研究的重要主题，是国外游憩地理学和环境心理学的研究热点。Williams 等于 1989 年提出"地方依恋"的概念，将地方依恋定义为个体评价或认同某一特定环境场所的程度。Hull 等（1990，1992）认为，地方依恋是基于场所的机会、意义和情感的叠加。随后，Williams 等（1992）提出了地方依恋的理论框架，指出地方依恋由地方认同（Place Identity）与地方依赖（Place Dependence）两个维度构成，地方依赖是人与地方之间的一种功能性依恋，而地方认同是一种情感性依恋，并设计了地方依恋量表用于测量个人与户外游憩地的情感联结关系。随后的理论研究主要涉及地方依恋的概念、维度、影响因素等方面。Sharpe 和 Ewert（2000）从地方依恋的中断的角度加深了对地方依恋概念的理解，并进行了一定的拓展，提出了地方干扰（Place Interference）的概念。Bricker 和 Kerstetter（2000）探讨了游憩者的游憩地依恋的三个维度：地方依赖、地方认同和生活方式。Bric-

---

[①]　唐文跃. 旅游地地方感研究［M］. 北京：社会科学文献出版社，2013.

ker 和 Kerstetter（2002）的研究表明，游憩者赋予地方的特定意义是多维的和综合的，环境—景观、游憩、人—社交、遗产—历史、商业服务是游憩者地方感中的基本维度。此外，地方依恋形成的影响因素，如场所使用频率、使用动机、游憩活动涉入（Involvement）和游憩专业化程度等因素与地方依恋之间的关系得到了广泛研究。Moore 和 Scott（2003）的研究表明，场所使用频率与使用者对场所的依恋成正相关，地方依恋的最强的解释因子是使用者对场所中的活动的涉入程度。Backlund 和 Williams（2004）也探讨了场所的使用频率与地方依恋的两个维度之间的关系。Kyle 等（2004a）研究了城市公园周边居民的入园动机与他们对公园的依恋之间的关系。Kyle 等（2003）探讨了徒步旅行者活动涉入的三个维度（吸引、中心性和自我表现）与地方依恋的两个维度（地方依赖和地方认同）之间的关系，发现地方认同维度最能被自我表现和吸引维度所解释，而地方依赖只被自我表现维度解释。Kyle 等（2004b）的研究表明，休闲涉入对地方依恋的影响是随休闲活动和场所的变化而变化的。Bricker 和 Kerstetter（2000）认为，专业水平高的游憩者比中等和低专业水平的游憩者更赞同地方认同和生活方式的重要性，而地方依赖并不受专业化水平的影响。Stedman 等（2004）分析了影响国家公园内及其附近居民的地方依恋形成的当地因素。Mazumdar Shampa 和 Mazumdar Sanjoy（2004）认为，宗教对地方依恋的形成具有重要作用，宗教仪式、古器皿的使用、讲故事和地方朝觐等社会化过程有助于地方依恋的形成。Hidalgo 和 Hernandez（2001）测量了三个空间尺度（家、邻里和城市）和两个层面（自然的和社会的）的地方依恋，结果表明，被访者对邻里的依恋最弱，社会依恋比自然依恋强，依恋程度随年龄和性别而变化。

地方感概念还被 Williams 等（1998）视为一种管理方式（如地方感有助于管理者和公众建立一种与当地的生活方式和社会关系相适应的工作关系）和管理方法（理解和利用各种地名；用地方可识别的特定词汇与当地人交流管理计划；谙熟地方政治；关注对不同人群有不同意义的场所）。地方依恋已成为旅游者和旅游地居民行为的重要影响因素，相关的研究诸如地方依恋对游憩者的场地费支付态度（Kyle et al., 2003）、个人日常生活中的环境负责行为（Vaske and Kobrin, 2001）、对资源管理措施的态度（Kaltenborn and Williams, 2002）、游憩者的场所拥挤感知（Kyle et al., 2004）、休闲需求与消费行为（Hailu et al., 2005）的影响等。随着地方依恋因素的影响作用的凸显，地方依恋将逐步被内化到旅游地管理措施和管理方式中，甚至成为一种管理质量标准和管理工具。

二、地方认同

Nairn（1965）认为，几乎每个人生来就有一种识别周围环境并与其建立一种关系的需要——一种处于一个可识别的地方的需要。因而，地方感不是可有可无的，而是不可或缺的。地方感最起码的含义是识别不同地方和一个地方的不同身份的能力。他认为，与地方之间的深奥联系是人类生存和个人身份的基石，暗示了对一个地方的认同感的重要性。Tuan（1977）也认为，对个人和对人的群体来说，地方都是安全感和身份认同的源泉。Relph（1976）在其著作《地方和无地方性》（*Place and Placelessness*）中的一个核心问题是"真实的"（Authentic）地方形成与无地方性，以及二者在景观中的表现形式。对地方的真实的感觉包括作为个体和社会的一员处在一个地方内部并属于这个地方（家、故乡、地区或国家），并且无需思考就了解到这一点。这种对地方的真实和不自觉的感觉仍然很重要，因为它为个人和社会提供了重要的认同源泉。但地方感已经被增加的空间流动性和地方象征性的减弱所削弱。对于现代的城市居民，地方归属感很少占据突出地位，并且常常被"在一个邻近的更好环境中的一个舒适的家"所取代（Relph，1976）。地方的不真实感实质上是对地方没有感觉，因为它没有认识到地方深刻的象征意义，也并不认同它们的身份（理查德·皮特，2007）。

地方认同是对某个地方作为社会角色自我感知的一部分的认知。

Prohansky 等（1983）探讨了"地方认同"的概念，认为个人通过对地理意义上的地方的依恋，人就获得了一种归属感，为生活赋予了意义。Breakwell（1986，1992，1993）认为，认同是一个对社会的适应（Accommodation）、融合（Assimilation）和评价（Evaluation）的过程，不仅提出了四个引导行为的认同原则：独特性（Distinctiveness）、连续性（Continuity）、自我尊敬（Self-esteem）、自我效能（Self-efficacy），而且构建了认同过程模型（Identity Process Model）。独特性维度反映了一种生活方式和个人与家乡环境的特定关系。人们用地方识别（Place Identifications）来与别人相区别，在这个意义上，地方起到了与社会分类相似的作用，地方识别就相当于社会识别（Social Identifications）；连续性维度关注自我身份连续性的保持与发展，分为地方指示物的连续性（Place-referent Continuity）和地方适宜的连续性（Place-congruent Continuity）两个方面。地方指示物的连续性中，地方作为过去的自我和行为的指示物，保持与某个地方的联系可以让人获得一种自我身份的连续感。地方适宜的连续性是指一般的、可转移的地方特性，如人们选择能代表自身价值的居住地，或者改变居住环境，使之与当前身份相一致。这种连续的缺失可能导致不满，甚至迁居到一个与身份相符的地方；自我尊敬关系到一个人对自我价值或社会价值的感知，如生活在历史城镇的人通过联想而获得一种自豪感（Lalli，1992）；自我效能是指对自己的环境适应能力的信任。当环境有利于或至少不妨碍个人的日常生活时，人就有一种自我效能感，这时的环境是一种可管理的环境（Manageable Environment），在这种环境中人们易于做自己想做的事（Winkel，1981）。Twigger-Ross 和 Uzzell（1996）研究发现，对当地居住环境有依恋感的人与没有依恋感的人在对当地环境的看法上存在差别，并且在没有依恋感的居民中，有的对居住环境做出中立的评价，有的则做出负面的评价。Bres 和 Davis（2001）的研究表明，节庆活动对提高社区群体认同与地方认同起到了积极的作用。Mazanti 和 Ploger（2003）讨论了对城市贫困区的地方身份相互对立的两种认识——政治上的象征意义的外部理解（Outside Understanding/Construction）和居民赋予的社会意义的内部理解（Inside Understanding/Construction），分析了为什么会形成这两种截然不同的认识，它们是如何形成的。McCabe 和 Stokoe（2004）运用民族方法学（The Ethnomethodological Approach）的从属分类分析法（Membership Categorization Analysis），分析了国家公园旅游者对地方和认同的表述，探讨了旅游者通过对活动的描述构建他们的地方认同的过程。Clark 和 Stein（2003）探讨了利益相关者是如何看待自然景观在社区感中的作用的。研究表明，自然景观是利益相关者的社区认同中的重要组成部分。经常访问周边的公共自然区，并把这些地方作为他们居住在这里的重要原因的利益相关者对社区的物质—自然景观比对社会文化要素更有认同感。

旅游社区依恋研究进展

第一节　社区依恋研究

地方依恋研究的"地方"可以是从小小的家、社区、县市、区域、国家到整个世界，社区依恋是地方依恋研究的重要内容。社区依恋（Community Attachment）是对居民与社区之间情感关系的描述，反映居民对社区的归属感和根植性。Trentelman（2009）认为，社区依恋通常被当作衡量居民与社区情感和居民对社区根植性（Rootedness）的依据；Sundblad 和 Sapp（2011）认为，社区依恋是居民对社区的一种亲密感受和义务关系，不仅包含了经济关系，也包含了社会关系，即根植性；Matarrita-Cascante 和 Luloff（2008）将社区依恋定义为居民对社区的接受程度（Feeling of Acceptance）和归属感（Belongingness）。

社区归属感是社区研究的重要内容，始见于 1887 年德国学者 Tonnies 出版的《社区与社会》一书。早期关于社区归属感的研究多与社区心理研究融为一体，如 Park 对"社区兴趣"、Burgess 对"社区意识"的描述。社区依恋是指社区居民对本社区和社区群体的认同、喜爱和依恋的心理感觉。社区依恋与社区归属感在内涵上有较大的重叠。社区归属感表现为居民感知到的社区亲切感和向心力，有助于促进居民对社区公共事务的关注和参与，增进社区的和谐，也为居民提供了一种除家庭之外的感情寄托，有助于消除城市居民的孤独感和离群感（苗艳梅，2001）。居民的社区依恋可以反映居民的社区归属倾向。苗艳梅（2001）从四个方面考察社区居民的地方依恋：一是居民如果可以重新选择，是否还会选择该社区；二是如果离开该社区，是否会有思念之感；三是有无搬家的想法或打算；四是该社区在自己心目中是否有亲切感。

一、乡村社区依恋研究

按城乡二元划分，社区分为城市社区与乡村社区。国内乡村社区依恋研究聚焦于乡村居民社区依恋的影响因素及社区依恋的影响两个议题。社区依恋的影响因素可归纳为三个方面：人口统计学因素、物质环境因素和社会因素（常江等，2019）。已有研究证实，乡村居民社区依恋水平呈现出显著的个体差异，主要受到年龄、受教育程度和收入水平等因素的影响。对于不同类型的乡村居民，相同的个体特征所表现出的社区依恋水平可能有所不同。叶继红（2011）以城郊型农民集中居住区移民社区为例，发现年龄大的居民对社区的归属感强于年龄小的居民。金如委和宫宝利（2017）以"乡村新移民"（即城市迁入农村人口）为研究对象，指出年龄在 50 岁以上、受过高等教育与高收入群体的新移民对移居地的地方感最强。

部分研究者通过研究发现，城郊型农民集中居住区移民的社区归属感取决于移民的社会适应能力、居住小区条件、邻里关系和社会交往能力等因素（叶继红，2011）；城市迁入农村人口的整体地方感强弱的主要影响因素是移居时长、亲友数量以及对自然环境的满意度（金如委、宫宝利，2017）；超大城市城中村外来人口归属感受到自我评价、职业、居住条件、房东评价、邻里关系、歧视情况、安全性评价、社区设施评价和社区工作站是否提供了帮助等个体因素、居住环境因素和社区因素的影响（陈凯仁等，2017）；而拆迁安置小区居民归属感的缺失主要是由于拆迁小区建设规划、拆迁小区居民身份的转变和由血缘、地缘建立的人际关系网络断裂等因素造成的（盛维华等，2017）。

乡村社区社会网络在居民社区依恋的塑造过程中发挥了重要作用。史梁和汤书昆（2014）研究发现，在传统民族村寨中，微观层次的人际传播和中观层次的组织传播，在曼朗村寨社区归属感的塑造中扮演着重要的角色。其中，微观层面的讲述者主要是处于亲密社会网络中的个体，中观层面讲述者一般是传统的自组织，这些故事讲述构成了共同的经验和集体记忆，有利于集体效能的建立和社区动员。林元城等（2020）的研究结果显示，潮汕宗祠作为联结和维系乡村社会关系网络的物质实体，对乡村空间地域主体的地方感具有显著的塑造作用。具体而言，潮汕宗祠在长期的历史演变中形成了根植性的文化认同，并塑造了共同的象征符号、文化理念和行为规范，作用于地方的认知、情感和意向，使得潮汕宗祠不断强化乡村主体的地方感知与地方实践，乡村地域从落脚地转变为归属地，并在日常实践中表现为根植于地方的认同感与归属感，从而实现地方感的主体性构建。

此外，也有研究对比了社区因素对不同类型村民群体地方依恋的影响作用，如董又铭等（2020）以湖南省岳阳市为例，探讨了乡村环境感知对留村、外出和回流三大村民群体乡村依恋的影响。研究显示，乡村环境感知对乡村依恋有独立、显著的正影响，其中社会环境影响最强。就群体而言，留村与回流村民的依恋均受物质环境感知、社会环境感知和经济环境感知的显著影响，但前者多于后者；外出村民依恋的感知因素仅涉及经济社会环境。

乡村居民社区依恋影响研究主要探讨社区依恋对社区治理的影响，如王学婷等（2020）探讨了农户地方依恋对其村庄环境治理参与意愿的影响，指出农户地方依恋水平整体一般，通过提高农户对村庄的依恋水平，可显著提升其村庄环境治理参与意愿。袁振龙（2010）以北京市城乡接合部两个社区（村）为研究对象，探讨了社区认同和社区治安之间的关系。研究表明：社区的认同度越高，社区意识越强，社区凝聚力越强，社区成员对社区的依恋度越高，其治安状况越好，社区成员对社区治安状况的评价越高；社区的认同度越低，社区意识越弱，社区凝聚力越弱，社区成员对社区的依恋度越低，其治安状况越差，社区成员对社区治安状况的评价越低。同时，也有研究发现，社区归属感能够推动失地农民城市融入过程（唐云锋等，2019），以及促进农业转移人口形成对所迁居城市的认同感（邓秀勤、朱朝枝，2015）。

二、城市社区依恋研究

与乡村社区相比，城市社区居民的社区依恋问题得到了较多的关注。国内城市社区依恋研究也重视对社区依恋影响因素的探讨。单菁菁（2006）的研究表明，社区满意度是社区依恋最重要的影响因素，对社区依恋的形成起着决定性的作用。加强社区建设，提高居民社区生活质量是增强社区依恋的根本途径。这也说明城市居民对社区的功能依赖对情感依恋的形成有着积极的影响作用。常江等（2019）的研究发现，住房条件和邻里关系是影响社区依恋的最主要因素，传统社区居民的社区依恋明显低于新建商品房社区。传统社区破败的物质环境和公共服务设施制约着居民的社区依恋，新社区物质空间环境改善对社区依恋具有积极作用，合理的城市更新有助于社区依恋的提升。城市更新应兼顾居民生活需求与情感需求，既要切实改善居民的居住条件，如修缮重建危旧房屋、增加社区公共活动空间和休闲娱乐设施等，还要尽可能保持传统的社区网络结构，保护传统社区文化，提升社区原住民的社区依恋和幸福感（常江等，2019）。相关研究发现：婚姻状况、收入、房屋产权、住房条件和邻里关系等是影响商品房社区居民依恋的因素（常江等，2019）；居住时间和对住房条件、社区环境、公共服务设施、邻里关系、社区安全等因素的评价直接影响老城区居民的社区依恋水平，而年龄类型则在邻里关系与社区依恋水平间起调节作用（谢涤湘等，2019）；居住时间、文化程度、年龄大小和宗教信仰等因素深刻影响城市回族社区居民的地方依恋（艾少伟等，2013）；对于城市封闭社区而言，社区交往直接显著影响社区依恋，社区参与同时对社区依恋产生直接和间接的影响，但物质环境的作用也不可忽视，客观建成环境的间接效应明显，其通过居民主观评价影响社区依恋，而社区建成环境主观评价对社区依恋既可能产生直接作用，也可能通过社区交往和社区参与产生间接影响（刘臻珠等，2017）。吴晓林和谭晓琴（2020）借助文献计量分析和文本分析方法，总结了以往社区归属感的影响因素，指出社区规模、居住时间、社区互动和社区满意度等是影响社区归属感的最强因素，并且社区归属感的研究过多聚集在特殊群体。然而，唐梅和刘昱彤（2010）的研究表明，少数民族转制社区居民的社区归属感与其居住时间、社区满意度没有直接关系，这与一般的城市社区研究中在这些方面呈现出的高相关有很大的不同，主要是由于历史的延续和传统的保留、现实经济状况的制约和理性的选择、民族风俗习惯等因素造成的。

此外，也有研究者探讨了物业服务对城市居民社区归属感的影响，发现物业服务质量各维度通过价值感知对居民归属感产生显著影响，同时居住档次调节了物业服务质量对居民价值感知和归属感知的影响程度（殷闽华，2020）；绿色物业管理措施中的节能管理、垃圾处理、环境绿化和污染治理措施显著正向影响居民社区归属感，其中环境绿化管理的影响最大（蒋盛兰、宁艳杰，2015）。

社区依恋研究在城市化或城市更新导致的居民搬迁与安置、各种移民（如三峡移民、进城农民）的社区适应问题上具有重要的实际应用价值。在快速城市化背景下，居住环境发生了巨大变化，人们的流动性增强，活动空间和交往范围扩大，对居住社区的依赖性下降，导致社区归属感减弱、消失。城市研究者不仅关注城市物质形态的更新，对社区居民以及特定群体的情感关注也逐渐增多，如城市新移民的家园感和社会融合问题等。城市更新究竟是提升了居民的生活质量和满意度，还是导致了居民对社区情感的淡漠和认同感的丧失？这是一个值得深入研究的问题。通常认为，城市更新对居民的社区情感会产生两方面的影响，对此学术界也存在两种观点：一方面，城市更新带来了居住条件的改善、社区环境的提升和公共服务设施的升级，促进了邻里交往并提升了居民的安全感，进而提升了居民的社区依恋；另一方面，城市更新破坏了原有社区的社会网络，使居民被迫离开世代居住的地方，而居民在新的社区又很难在短时间内建立新的社会网络和社会支持，因而会感到失落、无助和孤独（常江等，2019）。

西方的社区情感研究存在"社区失落论""社区继存论""社区解放论"三种不同的观点。"社区失落论"认为，大规模城市化破坏了人们之间基于地缘的首属关系和社区观念，人与人之间的关系变得冷漠，社区不再有维系团体的向心力和凝聚力，认为城市化及新型都市生活方式使得社区逐渐走向解体，传统的充满人情的地域社区在都市中已经不复存在（陈福平、黎熙元，2008）。"社区继存论"认为，工业化和城市化虽然带来了城市阶层分化，但并未造成城市社区的消亡，社区居民亲密的人际关系依旧存在（夏建中，2000）。"社区解放论"认为，现代城市发达的交通和通信手段使得地域社区的重要性大大降低，而基于兴趣或亚文化而形成的跨地域的社群网络则成为了现代社区居民交往的主要范围（夏建中，2000）。基于这二种观点，江坤等（2015）分析了广州封闭社区居民的社区依恋情感，研究发现，广州封闭社区依然存在较强的社区依恋情感，基于地缘关系的传统社区并未解体，也并未因为发达的交通和通信手段条件下形成的新型网络社区的兴起而丧失其地位，传统的地域性社区依然在当代居民心中占据重要的位置。这在一定程度上验证了路易斯和甘斯等指出的"社区继存论"。但与之不同的是，广州封闭社区中居民社区依恋情感已经远不如传统社会中那样重要与显著，亦不如单位社区那么强烈，封闭社区作为城市地域型社区的存留是有限的。居民对社区概念的认识也泛化，地域社区的核心作用已经大大下降。但这并不意味着地域性社区在今天已经毫无意义，相反，其仍是居民与城市社会相联系的纽带，是人们融入庞杂社会的一个交点。因此，现代封闭社区的居民对社区依旧存在情感上的依恋。

三、社区依恋的应用研究

快速城市化导致了一系列问题的产生，如人们对原居住地的地方依恋的减弱、中断或社区认同的丧失，以及对新社区的社区依恋的重新培育等。社区依恋研究有助于这些问题的解决。西方学者对社区依恋的应用研究给予了较多的关注。Low（1992）对哥斯达黎加的一个社区广场进行了地方依恋的现象学研究，评价了广场所赋予的地方依恋的多重意义。Brook（2003）研究发现，当人们迁居后会通过移植树木和造园等途径为新环境注入依恋，以维系与所依恋环境的情感联系，这表明了地方依恋对人们改造居住环境行为的影响。Corcoran（2002）通过对欧洲六个城市边缘邻里居民的调查，分析了社区在日常生活中的地方意义，认为地方是通过共同的记忆和传统的积累来得到解释的。虽然地方感受到现代城市发展的挑战，但地方依恋依然是身份和社区的重要缔造者。Smith（2002）研究了从乡村移居到城市的居民对乡村环境的依恋的表现方式。这种研究有助于理解都市人对乡村地区的依恋和评价城市文化环境的复杂多样性。Salamon（2003）对郊区化过程中农村社区的地方依恋和社区认同的丧失，以及由此对年轻人产生的负面影响进行了研究。Ryan 和 Ogilvie（2001）对海外留学生如何适应新的国家的居住环境进行了研究，探讨了在新加坡和澳大利亚留学的学生的地方依恋过程和对新的自然和社会环境的适应过程。Brown 等（2003）从个人和街区（邻里）两个层面分析了地方依恋的差异，并讨论了地方依恋在邻里复兴中的作用。

此外，社区依恋研究领域已逐渐从现实空间拓展到虚拟空间。国内研究者也开始关注虚拟社区的情感依恋问题，有研究表明：虚拟社区成员通过纽带人际依恋和身份群组依恋共同构成与社区之间的心理联结系统（楼天阳等，2011）；基于情感依恋视角的虚拟社区持续使用概念模型阐释了从需求满足到依恋情感形成的基本过程（赵欣等，2012）；有学者对关系资本、知识共享对虚拟社区忠诚的影响进行了研究（徐冬莉、江若尘，2012）。

第二节　旅游社区依恋研究

一、旅游地居民的社区依恋研究

旅游社区依恋主要是指旅游社区居民的社区依恋。国内外学术界关于旅游社区居民（包括经营者）社区依恋的研究相对有限，研究成果集中于旅游社区居民社区依恋的特征、影响因素及其对态度和行为的影响三方面。社区依恋一般分为社区依赖和社区认同两个维度。除这二个维度外，也有学者将社会联系（Kyle et al.，2005）、社区情感和社会联系（王纯阳、屈海林，2013）作为社区依恋的构成维度。唐文跃（2011）通过研究发现，古村落居民与其所居住的村落之间存在一定的情感依恋关系，地方依恋是古村落中客观存在的一种人地关系现象。古村落居民的地方依恋由地方依赖和地方认同两个维度构成，居民对古村落的地方依恋主要来源于对古村落的情感性依恋，居民对古村落的情感性依恋要大于功能性依恋。罗许伍等（2017）探讨了拉萨古城居民的地方依恋特征，指出居民地方依恋水平整体较高，居民对古城的情感性依恋要大于功能性依恋；但由于依赖类型、居住时间、文化背景、宗教信仰以及"家"的归属感不同，原住居民的地方依恋水平要高于非原住居民。

旅游社区依恋水平与社区居民的居住时间、社会关系、活动参与状况以及社区旅游业发展水平等因素密切相关。古村落居民地方依恋的形成是一个长期积淀的过程，时间是居民地方依恋形成的主要影响因素，其中，地方依赖主要受居民从古村落旅游发展中获得的经济收益大小的影响，而地方认同主要受居民在古村落中生活居住时间的影响（唐文跃，2011）。从地方因素来看，宗教信仰、环境状况、活动参与和社会关系是影响拉萨古城居民地方依恋的关键因素，原住居民排在第一位的影响因素是环境状况，而非原住居民排在第一位的则是宗教信仰（罗许伍等，2017）。旅游开发是旅游地居民社区依恋的重要影响因素。Gu 和 Ryan（2008）运用地方依恋和地方认同理论就旅游发展对北京什刹海胡同居民的影响进行了研究（Gu and Ryan，2008）。保继刚和杨昀（2012）探讨了旅游商业化背景下阳朔西街本地居民地方依恋的分化状态和变迁原因，发现旅游商业化会导致地方依恋构成维度和表现强度的变化。适度的商业化对地方依恋有积极的促进作用；在没有外力干预的情况下，过度商业化将导致地方依恋的中断。此外，林晓娜等（2019）采用结构方程模型探讨了村民社区参与对社区归属感的影响，结果表明，居民参与社区乡村旅游开发对社区归属感有显著的正向影响，其中，旅游影响感知在居民社区参与和社区归属感之间发挥部分中介作用。旅游业发展水平也会影响居民的社区依恋水平，通常生活在较发达的旅游环境中的居民社区依恋水平强于生活在不发达旅游环境中的居民（Mccool and Martin，1994）。但是，邓梦麒等（2019）指出，在乡村旅游发展背景下，农户感知的经济效应并未对社区归属感产生直接影响。其中，因经济发展而改善的居住环境效应主导城市近郊型乡村旅游地社区归属感；边远景区依托型的社区归属感受社会文化效应影响显著，主要表现在社会保障、邻里氛围方面。

旅游社区居民社区依恋影响方面的研究成果相对比较丰富，涵盖社区依恋对居民知觉、态度和行为等的影响。居民知觉涉及文化补偿认知、居民赋权感知和主观幸福感等。王舒媛和白凯（2017）探讨了西安回坊旅游劳工移民的地方依恋对幸福感的影响，认为回坊旅游劳工移民的地方依恋由宗教依恋、物质依恋、社交依恋三个维度构成，其中，宗教依恋对主观幸福感的影响最大，物质依恋的影响次之，社交依恋的影响最小。王兆峰和向秋霜（2020）基于认知情感系统理论，探讨了景观感知和地方依恋对居民文化补偿认知的影响，发现居民在对地方景观价值的感知过程中所形成的功能上的依赖和情感上的认同，可以推动文化补偿认知。Strzelecka 等（2017）研究发现，地方认同、地方依赖和自然联结直接影响居民从旅游业中获得的心理感知和社会赋权感知。然而，只有地方依赖影响居民从旅游业中获得的政治赋权感知。

居民态度包含居民对政府的信任、对景区开发企业的社会责任预期、对旅游业的支持，以及居民的资源保护态度等。孙凤芝和贾衍菊（2020）基于旅游社区居民感知视角，探究了乡村旅游地居民政府信任的影响因素，发现社区依恋通过旅游感知收益和生活满意度显著正向影响政府信任，而且生活满意度在旅游感知收益和政府信任之间发挥部分中介作用。张朝枝等（2015）分析了地方依恋对社区居民的景区开发企业社会责任感知的影响，发现社区居民的地方依恋感会加强其对遗产价值的认知，从而进一步提高其对景区开发企业的社会责任预期。Rudy 等（2011）探讨了居民地方依恋和居民对当地旅游的支持之间的关系，指出地方依恋显著正向影响社区居民对旅游业的支持。唐文跃等

（2008）探讨了古村落居民地方依恋与其资源保护态度的关系，结果表明地方依恋对居民的资源保护态度具有显著的正向影响，其中，地方依赖主要通过地方认同影响居民的资源保护态度，地方认同在其中起着中介作用。许振晓等（2009）以世界遗产地九寨沟为例，通过引入居民旅游发展期望作为中介变量，考察了居民旅游发展期望在地方依恋影响旅游发展感知中的中介效用，进一步检验了居民地方依恋对旅游发展支持度的影响过程和机制。此外，郭安禧等（2018）探讨了社区依恋在居民旅游影响感知对支持旅游开发的影响路径中所起的调节作用，发现社区依恋在消极旅游影响感知与支持旅游开发的关系中起正向调节作用，即居民社区依恋程度越高，消极旅游影响感知对支持旅游开发的负向影响越强。

居民行为涉及居民保护行为、口碑推荐行为以及旅游活动参与行为等。王纯阳和屈海林（2013）以福建土楼为例，实证分析了社区居民保护行为的影响因素，发现社区意义和社区参与通过地方依恋的中介作用，显著正向影响社区居民的保护行为，其中，社区满意在社区依恋和居民的保护行为之间起调节作用。Chen 和 Šegota（2015）提出了目的地品牌建设行为的形成过程的概念框架，用于理解居民在旅游目的地形象建构过程中所扮演的角色，认为作为地方依恋的前因变量，地方满意可能会影响居民的内化过程，促进居民的行为输出，从而产生正面的口碑以及积极的旅游活动参与行为。此外，研究还指出，居民将居住地推荐为旅游目的地的意愿取决于地方认同与自我形象之间的匹配。

综上所述，国内外旅游社区依恋研究所涉及的案例地类型多种多样，包括村落遗产地、少数民族村镇、古城、乡村旅游地、民族历史街区和自然遗产地等多种类型。旅游社区居民情感依恋的影响因素和影响研究是热门研究话题。就旅游社区依恋的影响因素研究而言，重点关注居住时间、社区特征、社区经济因素和社区社会文化因素，对社区居民的心理因素探讨较少。旅游社区依恋的影响研究涵盖面较广，涉及社区居民的感知、态度和行为，然而关于社区依恋对居民搬迁意向和相对剥夺感的影响，以及基于社区依恋视角的社区管治研究相对有限。

二、旅游虚拟社区依恋研究

随着网络等新兴媒介的迅猛发展，网络虚拟社区成为人类生存空间中重要的组成部分，人们的生活从传统面对面交流的现实世界延伸至非面对面交流的虚拟空间（谢礼珊等，2019）。虚拟社区突破了时间和地域的限制，改变了人们传统的人际交往方式，促进了虚拟人际交往和现实人际交往的融合。旅游虚拟社区是在"旅游+互联网"的背景下，发展较为稳定的一类虚拟社区。旅游虚拟社区是以旅游为主题在线上聚集而形成的虚拟社会空间，是旅游者获取旅游资讯、寻找旅游同伴、节约旅游费用、实现安全出行以及提升旅游体验的重要途径（赵琴琴等，2018），它能够突破旅行社包价组团的限制，使旅游者自发组织个性化旅游活动成为可能（胡向红、张高军，2015）。旅游虚拟社区成员线上的交流互动以及线下的结伴出游活动必然会使成员之间形成一定的情感联结。近年来，旅游虚拟社区已成为国内外旅游研究的热点之一。

（一）国外旅游虚拟社区依恋研究

旅游虚拟社区成员的社区情感及其对成员的社区参与和贡献行为的影响倍受关注。相关的研究主要包括：旅游虚拟社区成员的社区情感对成员在虚拟社区中的参与行为的影响（Wang and Fesenmaier，2004a），旅游虚拟社区成员的社区情感影响因素以及社区情感忠诚、社区成员忠诚与旅游产品购买行为之间的影响关系（Woo et al.，2004），成员的满意度、信任与社区情感忠诚的影响关系（Sanchez-Franco and Rondan-Cataluña，2010），旅游虚拟社区情感对成员的线下旅游产品购买行为的影响（Casaló et al.，2010；Kim and Hiemstra，2004），社区成员的归属感对成员的参与和贡献行为的影响（Casaló et al.，2011），成员的社区认同及其影响（Qu and Lee，2011），从心理学角度探究心流体验形成对成员购买行为的影响（Wu and Chang，2005），社交、心理、享乐需求对参与度的积极影响（Wang et al.，2004a；Chung and Buhalis，2008），成员参与和贡献行为之间的关系（Wang et al.，2004b）等。

此外，旅游虚拟社区成员之间的互动交流以及相关需求的满足对成员满意度、归属感、认同感和忠诚度的影响也受到了较多的关注。Yang等（2016）探讨了旅游虚拟社区成员满意度的影响因素，指出社交互动关系、互惠性以及娱乐对旅游虚拟社区成员的满意度具有正向影响。Qu和Lee（2011）通过实证方法检验了成员的社区认同与其某些积极行为之间的关系，结果表明，成员的积极参与增强了他们对旅游虚拟社区的归属感，进而促进了知识共享、社区推广和行为改变等积极行为的发生。此外，Kavoura和Stavrianea（2015）采用统计分析方法测量了旅游虚拟社区成员的归属感。Lee等（2014）通过研究发现，旅游虚拟成员的旅游参与和社区利益积极影响其社区认同。

从总体上看，国外研究者对旅游虚拟社区情感的关注逐渐增多，研究视角趋向于多元化，并且吸引了旅游学、社会学、人类学、心理学等多学科的共同参与，但对旅游虚拟社区成员的社区情感研究还没有统一的理论框架。在研究方法上，由定性研究逐渐走向定性与定量相结合，网络调查与结构方程模型相结合的实证研究方法逐渐被国外学者广泛应用于旅游虚拟社区成员的参与行为、情感忠诚与行为、贡献行为等方面的研究。

（二）国内旅游虚拟社区依恋研究

国内研究者也关注了旅游虚拟社区的情感问题，如非商业性旅游虚拟社区成员的服务质量感知和社区情感忠诚问题（谢礼珊等，2006）、基于扎根理论的旅游虚拟社区分享帖功能研究（王婷婷等，2011），以及对国外的旅游虚拟社区相关理论及研究进展的引介（余意峰，2012；张爱平等，2013）等。吴慧等（2017）探讨了旅游虚拟社区的用户参与对忠诚的影响机制，以及社区归属感在其中所起的作用，研究表明，参与广度对网络用户忠诚存在倒"U"形影响，虚拟社区归属感对参与的深度、广度和忠诚间的关系具有显著调节作用。王跃伟等（2016）基于"心流体验"的视角，探讨了旅游虚拟品牌社群对社区成员网络品牌行为忠诚的影响，发现心流体验会显著正向影响旅游虚拟社区成员的网络品牌行为忠诚。总体来说，国内旅游虚拟社区的研究还处于概念性和定性分析阶段，旅游虚拟社区情感依恋问题还没有引起国内研究者的足够重视，在很多方面还有待于深入研究和探讨。

第三节　旅游社区依恋研究的意义

一、社区依恋的旅游资源价值

什么是旅游资源？如何理解和界定旅游资源？这一直是旅游学界关注的一些基本理论问题。随着旅游业的发展以及旅游研究的深入，旅游资源的概念内涵不断丰富，外延不断扩大。对旅游资源本质的认识经历了从外在形态到内在属性的日益深入的过程，初步形成了以吸引力属性为核心的观点，即只要是能吸引到旅游者的事物都是旅游资源，但对旅游资源本质的探索和认识仍在不断深入。旅游资源还可以被视为旅游者与旅游吸引物之间的一种关系，旅游资源的吸引力是产生这种关系的难易程度和关系强度的表现。从人地关系的视角来看，旅游吸引力是旅游者与旅游目的地之间的相互作用关系。这种关系可以是临时的，也可以是长久的；可以是即时建立起来的，也可以是长期积淀而成的；可以是感官、知觉层面的，也可以是历史、文化层面的，还可以是精神、情感层面的。旅游者与旅游地之间在精神、情感层面上建立起来的关系是相对稳定和长久的。这样的旅游者已经不仅仅是旅游地的客源，而是在精神和情感上已成为旅游地的一部分。

许多旅游产品的开发以及旅游地的形成和发展，是建立在旅游者与旅游地之间的情感关系上的，如探亲游、故里游、怀旧游及相应的目的地等。因此，如果从人地关系的层面来理解旅游资源，不难发现旅游者对旅游地的情感也是旅游资源，而且是一种高端的旅游资源。除了旅游资源属性，情感同时还是一种旅游驱动因素，探亲访友、寻根问祖是典型的情感驱动的旅游活动。旅游者对自然生态旅游地的偏爱，是对人类生态家园的追寻。古城古镇古村旅游的兴起，旅游者对各具特色的人类聚落的寻访，本质上也是受家园情感的驱动。从分时度假、第二居所等度假模式和旅游地产的发展中，同样可以看出家园感的影响，而旅游虚拟社区的形成，则是现实与虚拟交织环境下旅游者归属感的反映。因此，加强旅游者对古城古镇古村等社区型旅游地的社区依恋研究，有助于转变传统的旅游资源观，从人地关系的角度理解旅游资源，利用情感资源开发旅游产品，满足旅游者的情感需求，提升情感体验，丰富情感记忆，从而增进旅游者与旅游社区之间的情感关系，提高重游率。

二、旅游社区依恋的管理学意义

现阶段，旅游者满意度和忠诚度受到了旅游研究者和行业管理者的高度关注，但这两者反映出来的旅游者与旅游地之间的关系不够稳固和深切，没有上升到情感和精神的层面。旅游者对旅游地的情感依恋是旅游者与旅游地之间更高层次的联结关系。在观光旅游向度假旅游转变的背景下，游客对度假地具有广泛的接触和深度的体验，游客与度假地的情感关系成为影响游客度假体验的重要因素，因而依恋度研究具有了更重要的现实意义。可以说，依恋度是旅游地发展的高层次目标。

满意度是旅游期望与实际感知体验相比较而产生的结果，现有的旅游者满意度研究更多的是关注旅游景区和旅游企业的旅游服务，大多从服务层面构建测量指标，测评目的是提高旅游服务质量，测评结果易受单次旅游活动的影响。从测量指标来看，旅游者满意度并没有把吸引因素作为满意度测量的重点，而吸引力是影响旅游地发展最重要的因素。因而从旅游地发展来看，满意度测评主要为旅游地管理提供参考依据，并不能解决长远发展问题。忠诚度是消费者再次消费时表现出的产品或品牌选择倾向或推荐意向。在旅游者满意度的基础上，旅游者对旅游地的忠诚度表现为重游意愿和推荐意向，忠诚度比满意度更能反映旅游地的吸引力。但对于旅游者来说，只有当想去旅游时才会选择或推荐某个曾经到访过的旅游地而表现出一定程度的忠诚度，但其平时没有旅游需要时并不关注这个旅游地，因而这样表现出来的忠诚度不是持续和稳定的。

旅游者对旅游地的情感依恋具有纯粹性、稳定性的特征。纯粹性是指旅游者对某个旅游地十分依恋，这种依恋似乎是不需要理由的，并且对目的地的不足更倾向于表现出包容、理解的态度。依恋跟忠诚的重要区别在于，忠诚是旅游者面临旅游消费选择时对某个旅游地表现出的优先选择的倾向，是带有功利性的消费关系，并不对这个地方倾注感情；而依恋是旅游者对旅游地产生的希望长期逗留甚至定居于此的心理倾向，是一种稳定的情感关系。由于倾注了感情，平时也会经常关注这个地方，并且总想着再次造访这个地方。依恋度从人地关系的角度考虑旅游地的建设和发展，以整个旅游地为关注对象，包括那些看似与旅游无关的事物。提升旅游者的依恋度，意味着要将那些与具体的旅游活动无关的事物都纳入到旅游的范畴，这对全域旅游的发展具有重要意义。

基于以上分析，社区型旅游地的管理应重视旅游者对旅游社区的情感依恋，并将旅游者的依恋度作为社区旅游发展的目标。在旅游学界，旅游者依恋度的理论、测量方法及其实际应用是一个值得深入研究的新课题。此外，旅游社区居民的社区依恋对居民的旅游开发态度和行为的影响研究，可为旅游社区管理措施的制定提供理论依据。

三、旅游虚拟社区依恋研究的意义

(一) 理论意义

广义的社会空间包括特定社会群体的主观感知空间，而网络虚拟空间是主观空间中的特殊类型，因而有必要加强以"人"为关注对象的、人文主义地理学视角的虚拟社会空间研究。网络虚拟社区同样具有社会性、空间体验性，并被身处虚拟空间的人们赋予了丰富意义，是一种特殊类型的地方，其地方性和人们在虚拟社区中的地方感仍没有受到研究者的足够重视，虚拟社区的情感依恋研究是拓展和深化地方依恋研究的新方向。目前国内外有关旅游虚拟社区成员情感的研究成果有限，并且主要集中于社区成员的满意度、忠诚度、归属感和认同感等方面，对成员的社区依恋研究关注较少，旅游虚拟社区的情感依恋问题是旅游地方依恋研究的新课题。

有研究表明：虚拟社区存在着意见领袖，其主导着社区旅游信息的沟通交流，少数核心人员的旅游决策能够对大多数旅游者产生影响（张高军等，2013）；旅游者对旅游虚拟社区的参与可获得显著的功能收益和心理收益，对旅游虚拟社区的价值感知会导致其出现持续参与和结伴旅游等后续行为（于伟、张彦，2010）；旅游虚拟社区为其成员"结伴旅行"提供了便利（苗学玲、保继刚，2007）。旅游虚拟社区催生的自助式组团旅游现象成为自助旅游的重要类型。因此，旅游虚拟社区情感依恋研究为深入认识旅游者的心理与行为提供了一个新的研究视角。

此外，旅游虚拟社区情感依恋研究融汇了地理学、社会学、人类学和环境心理学等多种学科的相关理论与方法，是社会、文化、地理等现象多学科交叉研究的切入点，有助于促进地方情感问题的多学科融贯研究。

（二）应用价值

在智慧旅游背景下，旅游虚拟社区对旅游者的心理和行为产生了深刻的影响。旅游虚拟社区成员个性化的旅游行为对传统的旅游经营模式是一种挑战。旅游虚拟社区情感依恋研究对旅游地和旅游企业更有针对性地开发旅游产品，改变旅游市场营销模式，制定相应的营销策略具有重要作用。旅游虚拟社区情感依恋研究也有助于更深入地认识旅游者在虚拟社区中的行为（线上交流行为）与在现实空间中的行为（线下旅游行为）之间的关系，这对深入认识智慧旅游背景下旅游者在现实空间中的旅游偏好与行为，以及对旅游地的规划与管理均具有积极的现实意义。旅游虚拟社区成员的社区依恋是旅游虚拟社区持续健康发展的关键影响因素之一，社区成员的社区依恋研究对旅游虚拟社区的运营管理以及旅游企业的线上关系营销具有重要的参考价值。

此外，旅游虚拟社区情感依恋研究不仅关注旅游虚拟社区在情感和精神上的意义和价值，也关注智慧旅游发展的社会文化效应。人们的社会身份也来自于对特定环境的归属感或成员身份。旅游虚拟社区情感依恋研究有助于认识人们的虚拟社区情感依恋对其社会身份认同的影响，明确虚拟社区的社会、文化意义与价值，这对网络虚拟社区的设计、管理与健康发展具有现实的指导意义。

第 四 章

乡村旅游地居民社区依恋
——以婺源古村落为例

第一节　研究案例概况及研究设计

一、婺源旅游资源与发展概况

　　婺源位于江西省东北部，与皖、浙两省交界，历史上曾属安徽管辖，属于皖南地区徽州"一府六县"之一。婺源毗邻国家历史文化名城景德镇，并与世界自然遗产"江南第一仙山"——三清山相望。婺源的代表文化是徽文化，素有"书乡""茶乡"之称，是全国著名的文化与生态旅游县，境内古村落数量众多，被誉为"中国最美乡村"，是当今乡土文化的"活化石"。

　　婺源资源丰富，山清水秀，拥有以山、水、竹、石、树、木、桥、亭、涧、滩、岩洞、飞瀑、舟渡、古民居为组合的自然景观。明清古建筑比比皆是，大量的非物质文化遗产保存完好，与优美的自然资源共同构成婺源丰富而独特的旅游资源。婺源的旅游资源类型多样。根据国家标准《旅游资源分类、调查与评价》，婺源的旅游资源涵盖了地文景观、水域风光、生物景观、天象与气候景观、遗址遗迹、建筑与设施、旅游商品、人文活动8个主类，22个亚类，86个基本类型。这些品类丰富、禀赋优越的资源，共同构成了人文山水相辉映、文化生态共繁荣的婺源。

　　婺源旅游的发展历程可分为三个阶段。一是放手开发、从小到大的阶段。婺源县的旅游资源丰富多样，但政府缺乏财力物力进行旅游开发。针对这种状况，婺源县政府先是确立了放手民营的方针，继而出台了一系列鼓励社会资本参与旅游发展的政策措施，积极鼓励民间资本投资婺源的旅游产业，使民营企业在婺源旅游业中占据重要的战略地位。2006年，婺源旅游基本实现了由市场自发经营向"放手民营、政府引导"的转变，实现了游客数量和旅游经济收入的跨步提升。二是整合经营、从大到强的阶段。从2007年开始，婺源按照"一个集团、一张门票、一大品牌"的思路，对全县的景区（点）资源进行整合，并组建成立了婺源旅游股份有限公司，极大地增强了婺源旅游的综合实力和整体竞争力，解决了婺源旅游发展过程中由于粗放式分散经营导致的景区（点）小弱散、特色不明显、管理不规范、竞争无秩序等问题，并在经营过程中探索出了"公司+乡村+村民"的发展模式，有效地兼顾了开发商、景区内农民、各级政府等不同利益相关者的利益，促进了婺源旅游多方共赢、和谐发展。组建旅游集团后，旅游门票收入实现了翻番。2011年，国家旅游局正式批复同意在江西婺源县设立国家乡村旅游度假实验区。三是转型升级、从强向优的阶段。2012年，婺源提出"1234568"旅游产业发展战略，即擦亮"中国最美乡村"这一品牌，充分依托全国旅游标准化示范县和国家乡村旅游度假实验区两个平台，加快推进由门票经济向产业经济、由资源竞争向文化竞争、由观光旅游向休闲度假旅游的三大转变，坚持实现游客满意、群众增收、客商盈利、财政增长的"四赢"目标，按照建设精细化、项目生态化、服务标准化、管理规范化、产业专业化的"五化"要求，以"全县所有经济工作都要围绕乡村旅游来抓，全县环境打造都要围绕乡村旅游来创，全县农业发展都要围绕乡村旅游来开发，全县工业生产都要围绕旅游产品来生产，全县所有项目都要围绕乡村旅游来建设，全县干部的考核、选拔都要重点围绕服务旅游、发展旅游来培养、使用"的六个围绕为抓手，着力推进"旺季做优、淡季做旺、规划做实、产品做特、品牌做亮、服务做精、机制做活、产业做大"八项重点工作，加快推进婺源旅游转型升级，实现旅游产业大发展。接着婺源做出了"建设中国最美乡村、打造中国旅游第一县"的重大部署，抓住京福和九景衢两条高铁建设开通的重大发展契机，以列入全省旅游综合改革试点县、创建国家乡村旅游度假区和全国旅游标准化示范县、加快旅游产业园建设等为抓手，加快推进旅游产业实现第三次跨越，即推动由门票经济向产业经济，由资源竞争向文化竞争，由观光旅游向观光度假、休闲体验、康体养生、商务会展、活动赛事等多元化旅游转型升级，着力打造生态环境优美、文化底蕴深厚、功能配套完善、旅游产品多元的全国著名、世界知名度假旅游目的地，旅游综合实力位居全国首位、关联产业高度融合的中国旅游第一县。

依靠得天独厚的自然风光与保存较为完整的徽派古村落，婺源巧打"文化""名人""生态"三张牌，大力发展旅游业，并取得显著成效。2019 年 9 月，为规范旅游市场行为，重塑婺源旅游品牌，完善旅游产业链，提升婺源旅游产品品质，增强婺源旅游业综合实力及整体竞争力，县委县政府成功收购了三清山旅游集团持有的 73% 的股权，成为国有全资旅游公司。婺源旅游股份有限公司股权收购以来，按现代企业制度的要求，规范运作，实行集中决策、分散经营的管理模式。目前，公司旗下有江湾、大鄣山卧龙谷、灵岩洞、文公山、李坑、晓起、江岭、汪口、思溪延村、百柱宗祠、严田古樟、彩虹桥、石城等 13 个精品景区，其中国家 5A 级景区一个，4A 级景区七个，涵盖婺源旅游资源之精华。婺源旅游股份有限公司作为婺源旅游的旗舰，致力于促进当地旅游经济的可持续发展，以高起点、高标准为原则，按照婺源县旅游规划的要求对婺源生态旅游资源进行了科学有序的开发和保护，做大了产业规模。2019 年全县接待游客 2463 万人次，同比增长 3.78%；综合收入 244.3 亿元，同比增长 11.0%[①]。随着婺源旅游知名度和市场占有率的不断提高，旅游经济已成为婺源县经济发展的支柱。

二、研究案例古村落资源概况

本书选取江西婺源五个具有代表性的古村："古埠名祠"汪口、"伟人故里"江湾、"古文化生态村"晓起、"小桥流水人家"李坑、"明清古建群"思溪作为研究案例。这些古村落是婺源全国文化与生态旅游示范区的核心景区，属于开发比较成熟和比较成功的古村落，其古村落的开发具有典型示范意义。

（一）"古埠名祠"汪口

汪口村是古徽州一方"徽秀钟灵"之地，堪称徽商古埠头；又因宋清以来人才辈出，故亦被称为"书生之乡"。村内散落在十八条古巷中的众多官第、

---

① 上饶市人民政府信息公开平台，http：//www.zgsr.gov.cn/doc/2020/10/13/491025.shtm/.

商宅、民居和书屋等各类古建筑保存完好，尤其以俞氏宗祠为代表，祠内山门、享堂、后寝及花园一一排开，各种木雕精品应接不暇。千年古街、一经堂、懋德堂、大夫第、养源书屋、"平渡堰"曲尺碣遗址也是必游之处。汪口先后被评为"中国民俗文化村""江西省历史文化名村"和"中国历史文化名村"。

（二）"伟人故里"江湾

江湾位于婺源县境内东北部，距婺源县城 28 千米，是国家 5A 级旅游景区、国家级文化与生态旅游景区、江西省爱国主义教育基地。江湾是一个具有深厚的徽州文化底蕴的古村落，村中既有保存尚好的御史府、中宪第等明清官邸，又有滕家老屋、培心堂等徽派商宅，还有江永讲学的受经堂，东和、南关、西安、北钥四座古门亭，岳武穆构筑的岳飞桥，明代剑泉井等。

（三）"古文化生态村"晓起

晓起村始建于公元 787 年，村中保存有 600 余年的房屋几十幢，风格鲜明，气势非凡。晓起村是典型的徽派古生态民俗文化村，村内以清代建筑为主，既有周庄的小桥流水，又有香格里拉的宁静悠远，更有古朴纯实的民风民情，堪称中国最具韵味的古文化生态村。晓起村分为上晓起和下晓起。其中，上晓起以进士第、大夫第、荣禄第、江氏祠堂等傍山而建的清代民居为主，下晓起以水绕城郭的田园风景为主。

（四）"小桥流水人家"李坑

李坑是一个以李姓聚居为主的古村落，至今已有千年的历史。该村四面环山，古建筑保存完好，布局极有特色。村外两条山溪在村中汇合为一条小河，溪河两岸徽派民居傍水而建，河上建有各具特色的石拱桥和木桥，一幅"小桥流水人家"的宁静景象。李坑自古文风鼎盛、人才辈出。自宋至清，仕官富贾达百人，村里的文人留下传世著作达 29 部。

（五）"明清古建群"思溪

思溪于公元 1199 年建村，村中保存有明清民居 30 多幢。其中建于清雍正年间的敬序堂面积达 664 平方米，正厅上堂悬挂"敬序堂"鎏金匾额，屋内共有六个天井，楼有回廊护栏；书斋较简朴，面向庭园，其为幽静。更为罕见者，是清乾隆年间建的俞氏客馆，客馆内 12 座格扇门的中间，分别镌刻着由 96 个不同字体（楷、行、草、隶、篆）的"寿"字组成的"百寿图"，格扇门上下均雕镂有人物戏文、鱼虫花鸟、水榭楼台等图案，堪称木雕精品。

以上五村旅游资源概况如表4-1所示。

表4-1　婺源古村落旅游资源概况

村落	概况
汪口	村中有被誉为"艺术宝库"的省保文物单位"俞氏宗祠"，以及"千年古街""懋德堂""一经堂""养书屋"和"大夫第"等古朴典雅的徽派民居，汪口先后被评为"省级历史文化名村""中国民俗文化村""中国历史文化名村"
江湾	村中敦崇堂、三省堂、培心堂等古老的徽派建筑至今保存完好，极具历史价值和观赏价值，江湾已被评为国家5A级旅游景区
晓起	享有"国家级生态示范村""中国茶文化第一村"的美誉，是清代两淮盐务使江人镜的故里；村中有砖雕门罩、枫樟流荫、双亭耸峙、荣禄第、进士第、养生河、古濯台与江氏祠堂等景观
李坑	该村四面环山，布局巧妙，村中一条小河由村外两条山溪汇合而成，徽派民居、各具特色的木桥和石拱桥建于小河两岸，古民居与山光水色融为一体，相得益彰，展现出一幅"小桥流水人家"的静谧画卷
思溪	村中保存有30多幢明清民居，其中最具特色的当属清乾隆年间建的俞氏客馆，客馆内12座格扇门上的"百寿图"、水榭楼台、鱼虫花鸟、人物戏文等图案雕刻堪称木雕精品

三、婺源古村落保护现状与问题

在婺源古村落旅游业蓬勃发展的同时，也面临着古村落旅游资源遭受严重破坏的严峻挑战。古村中部分物态要素旅游资源不仅呈现出自然衰败无人修缮的迹象，也遭到人为的破坏。同时，不规范的旅游开发、外界商业元素的冲击以及游客的超容量涌入对古村落旅游地的生态要素、文化要素产生了不良影响，导致了生态环境的恶化、非物质文化的流失以及居民生活习俗等方面的改变，婺源古村的旅游资源保护不容乐观。

（一）居民生活与古民居保护之间的矛盾突出

随着现代居民生活方式与生活观念的改变，古村落中普遍存在着居民生活居住条件的改善与古民居保护之间、古村落有限的空间及容量与不断增加的居住人口之间的尖锐矛盾，古村内原有的居住条件及基础设施已不能满足日益增长的现代生活需求。居民住房的主要困难表现在采光不好、通风不畅、给排水和卫生设施差、年久失修、人多住不下等方面。有些家庭随着子女的成长住房需求增加，村民擅自扩建、改建古民居的现象严重。值得注意的是，虽然有51.4%的居民认为应该在村外建新居住区来解决住房困难问题，但只有41%的居民愿意迁居，39.5%的居民持观望态度，19.5%的居民表示不愿意搬迁。原因有两方面：一是因为部分居民在本村居住时间比较长，对周围的事物产生了比较深的感情，担心到新的环境中会不适应，所以有43.7%的居民希望能维修老宅继续居住或者扩建重建；二是因为居民家庭经济条件的限制。以李坑为例，政策规定如果村民要在村口的新村中建新房，除建房的费用自付外，还需要交纳两万元的建房押金，三年之内如果不建好新房押金将不予退回，大多数村民因家庭经济拮据或者担心押金无法返回只好作罢。虽然景区规定不能对古民居随意进行扩建改建，但也仅限于游客游览线路上的建筑，偏离游览线路的不少有价值的古民居被改建、扩建，还有些村民就地盖起了与古村落的整体风貌极不协调的洋楼，这些现象和行为都危及到古村落整体风貌的保护。

（二）古建筑保护机制不够完善

虽然国家已出台了《中华人民共和国文物保护法》《历史文化名镇名村保护条例》，江西省也出台了《江西省文物保护条例》，但这些法规的约束力只针对列入文物保护单位的古建筑，这也导致了部分居民不愿意将自家的古建筑古民居列入文物保护单位。目前婺源古建筑私人产权占大部分，还有相当一部分古建筑未列入文物保护单位，这部分古建筑的保护显得"无法可依"，以致古建筑损坏、建筑构件买卖的现象时有发生。由于未纳入《文物保护法》的保护范围，即使文物部门发现了村民一些损坏、贩卖文物的行为，也没有办法加以阻止。

此外，古建筑保护资金相对缺乏。虽然每年政府有相当数额的拨款用于婺源的古建筑保护，但由于缺乏有效的监管，最终到达基层能够真正用于修缮古建筑的资金比较少。此外，这部分资金仅仅用于修缮游客参观的建筑，一些被视为没有参观价值、不在游览线路上的古民居得不到应有的修缮和保护。

（三）部分村民的保护意识淡薄

古村内的居民是古村落保护的行为主体。虽然近年来随着宣传教育和经济利益引导的加强，村民的保护意识较之前已有明显提高，但农民自身的知识水平、文化层次毕竟比较有限，对保护文化遗产资源的重要性没有足够的认识，加之有关古村落保护的宣传辐射面不广，教育力度不够，居民破坏古建筑、古文物的现象时有发生，甚至出现有的村民希望自家的老房子早点倒塌，以便允许原地重建的情况。此外，由于出售古民居的经济利益对村民有相当大的诱惑，部分村民甚至故意不维修老房子，等到房子将要倒塌时借机出卖，更有少数村民拆除古民居房屋构件，化整为零地出售。在调研过程中与一位村民聊天时了解到，每年会有部分外地来的游客收购木雕、浮雕、牌匾等构件，一些村民因为保护意识不强或者缺钱用就出售自家的一些构件，因为在他们的观念中，这是他们自己家的东西，可以随意出售。

（四）生活与旅游环境遭到破坏

2019年，婺源的游客接待总量达到了2463万人次，平均每天的游客接待量为6.8万人次，而在旅游旺季和黄金周期间，每日游客接待量远远超出这个数字，也远远超过了目前古村旅游容量的最大限度，摩肩接踵、拥挤混乱的场面在古村内经常见到。除了游客的涌入对古民居建筑造成的践踏、磨损等直接破坏外，游客在古村中留下大量的生活垃圾，造成的视觉污染和噪声污染破坏了古村的水乡环境氛围，居民生活与旅游环境均遭到破坏，造成所谓的"旅游公害"问题，影响游客的旅游体验，也有损古村旅游形象。

（五）过度商业化的冲击严重

古村落的旅游快速发展固然给当地政府、居民以及旅游开发公司带来了可观的经济效益，但是如果纯粹把古村落当成一棵"摇钱树"，一味地追求经济效益，那么旅游和商业等这些本来有利于古村保护和发展的活动就会变利为弊。在旅游经济利益的驱使下，一些古民居被改建成商铺、家庭餐馆和旅馆等，现代商业网点在古村落大量增加，特别是开设于主要游览线上采用现代装修材料的商店，破坏了古村的传统风貌和地方特色。过度的商业化不仅有损游客对古村落的印象，影响古村落旅游的发展，同时也破坏了古村落的原真性，导致古村落传统文化的消逝。婺源的非物质文化遗产有傩舞、地戏、抬阁、婺源徽剧、婺源板龙灯等，它们和文物古迹以及传统民居相互补充，构成古村落的历史文化遗产，是古村落不可缺少的重要组成部分。但是在商业化的冲击下原有的民俗文化被改变或遗弃，特别是当地的年轻人都不愿学这些传统技艺，甚至对这些非物质文化完全不了解，致使这些宝贵的文化遗产面临失传的危险。

总之，古村落是我国乡村传统地域文化的重要载体，因其丰富的文化遗存、优美的田园风光、精巧的建筑风貌和淳朴的民风民俗交织在一起，构成了丰富的旅游资源，表现出独特的旅游观赏价值，吸引了大量的游客，成为我国乡村旅游的热点旅游目的地。旅游开发一方面促进了地方文化的挖掘、展示和传承，增强了村民对古村落传统文化的价值认知和保护意识，有利于古村落的保护；另一方面也带来了过度商业化、原真性的丧失等问题，对古村落的传统文化造成了冲击。在旅游开发背景下，古村落保护面临的问题和矛盾具有普遍性、复杂性和尖锐性。

四、研究设计

针对旅游开发背景下古村落中存在的上述矛盾和问题，有些古村落采取了外迁居民的办法，并在古村外择地建居住新村安置居民。这一举措在有的古村落推行起来并不顺利。调研中发现，除了经济方面的因素（如居住新村的住房价格及有无补贴、村民的经济承受能力等），还有情感方面的因素也影响居民的迁居意愿。村民与古村落之间的深厚感情使不少村民不愿意迁出世代居住的古民居，尤其是在旅游开发的背景下，有旅游开发价值的古民居不但能直接带来旅游经济收益，居住其中还成为了一种身份地位的象征和荣耀。居民是古村落保护最重要的行为主体，居民保护意识的强弱直接影响到其日常生活中的保护行为。在古村落的保护实践中，目前主要借助文物保护的法律手段和旅游收益分配的经济手段来增强居民的保护意识。国内的研究多以利益相关者的视角，从旅游经营管理模式（姚国荣等，2004；梁德阔，2005）、社区参与（黄芳，2002）等方面探讨旅游开发中的古村落保护问题，居民的地方情感因素对其保护意识和行为的影响仍未引起研究者足够的重视。本书借鉴地方依恋理论，对古村落保护中的居民情感因素进行定量研究，探讨居民情感对其迁居意愿的影响及其作用机制，以期为旅游开发背景下的古村落保护与管理提供参考。

（一）模型构建

人与特定地方之间的情感联系是地方依恋（Place Attachment）的研究范畴。地方依恋是一个环境和社会心理概念，现已运用到管理学中，发展成为一种基于地方的管理（Place-based Management）思想和理念。这一理念有助于管理者认识到特定地方在情感、象征和功能上对于当地居民的意义与价值，并在管理中做出响应，如加强管理政策制定和日常管理中的居民参与等。国外 Williams 等（1989，1992）提出了地方依恋研究的理论框架，对其中的理论与方法问题进行了较多的探讨。借鉴这一研究框架，国外的研究发现，居民的地方依恋影响到居民对资源管理措施的态度、对环境的评价以及居民的资源环境保护意识与行为。Vaske 和 Kobrin（2001）的研究表明，当人们对当地的自然资源产生了感情之后，人们会在日常生活中对环境更负责任；Kaltenborn 和 Williams（2002）也指出，资源管理研究和政策制定都需要考虑利益相关者与特定地方的情感关系，地方依恋影响利益相关者的管理偏好、对管理措施的态度和对环境的评价；还有研究关注地方依恋对人们改造居住环境的行为（Brook，2003）、居民社区身份缔造（Corcoran，2002）和邻里复兴（Brown et al.，2003）的影响作用等。国内的地方依恋研究逐步兴起，关注的问题一方面集中在城市化、旅游开发对居民地方依恋的影响上（吴莉萍、周尚意，2009；Gu and Ryan，2008；保继刚、杨昀，2012）；另一方面集中在地方依恋对旅游地管理的影响上，如九寨沟居民地方依恋对旅游发展支持度的影响过程和机制（许振晓等，2009），乡村旅游地农家乐游客的地方依恋与忠诚度的关系（白凯，2010），历史街区顾客地方依恋与购物行为的关系（钱树伟等，2010），地方依恋与游客旅游后行为倾向的关系（余勇等，2010），地方依恋在乡村旅游地品牌个性与游客忠诚中的中介作用（张春晖、白凯，2011）等。居民对所居住村落的情感影响其对村落管理措施的态度与行为，是村落管理中不可忽视的重要影响因素，但仍没有引起政府管理部门和研究者的足够重视。

Williams 等（1989，1992）提出的地方依恋二维理论框架认为，地方依恋由地方依赖（Place Dependence）和地方认同（Place Identity）两个维度构成，地方依赖是人对特定地方的功能性依恋，地方认同则是人对地方的情感性依恋。古村落中，居民与村落之间同样存在地方依赖和情感依恋关系。地方依赖主要表现在居民对村落的居住生活功能和社会关系的依赖，旅游开发之后增加了对旅游经济的依赖；情感依恋表现在居民对村落的自豪感、社区归属感和身份认同感等方面，反映一个地方所具有的象征意义。本书将地方依赖和情感依恋分别作为独立的影响因素，以考察这两个因素在古村落保护中的影响作用。对于地方依赖与情感依恋的关系，国内外研究表明，地方依赖对情感依恋（地方认同）有显著的正向影响，由于地方依赖而重复访问一个地方可能产生情感依恋（Moore and Graefe，1994；唐文跃等，2008）。国内有关居民社区依恋的研究也表明，社区满意度是社区依恋最重要的影响因素，对社区依恋的形成起着决定性作用（单菁菁，2006）。对于地方依赖、情感依恋与人的态度、行为的关系，国内外案例研究表明，地方依赖和情感依恋对资源环境态度和日常行为有积极的影响（Williams et al.，1999；Moore and Graefe，1994；Vaske and Kobrin，2001；唐文跃等，2008）。Jurowski 等（1997）指出，地方依恋程度较高的居民对旅游开发的负面环境影响感知更强烈。Arnberger 和 Eder（2008）通过研究维也纳城市森林保护区居民的地方依恋，发现居民的地方依恋与其对自然保护和旅游开发的态度密切相关，地方依恋程度越高，越支持自然保护，越认为旅游业要有节制地发展。由此可以认为，居民对古村落的地方依赖和情感依恋对其古村落保护态度有正向的影响，依赖越强和感情越深，越支持古村落保护。尽管有观点认为居民外迁措施会削弱旅游地的生活与文化气息，不利于旅游的发展，但目前婺源古村落中居民住房问题突出，部分居民迁居的做法有利于解决居民住房问题，缓解古村落保护的压力，因此本书模型中加入"迁居意愿"因子以考察居民地方依赖对这一保护措施的影响。Weinberg 和 Atkinson（1979）分析了居民地方依恋对家庭迁居决策的影响，发现大部分不愿迁居者都有着强烈的社区依恋，那些对现有居住环境不满意又不愿意迁居的户主，地方依恋也在其中起着关键作用。如果居民外迁有利于古村落的保护，居民的古村落保护意识越强，应该越支持居民外迁计划，即居民的保护态度对迁居意愿有正向影响。此外，居民对古村落的功能依赖和情感依恋越强，就越不愿意迁出古村落，因而可以认为两者对迁居意愿产生负向影响。

综合以上分析，提出地方依赖、情感依恋与古村落保护态度和迁居意愿之间的关系假设：

H1：居民的地方依赖对情感依恋有显著的正向影响。

H2：居民地方依赖对古村落保护态度有显著的正向影响。

H3：居民情感依恋对古村落保护态度有显著的正向影响。

H4：居民地方依赖对迁居意愿有显著的负向影响。

H5：居民情感依恋对迁居意愿有显著的负向影响。

H6：居民的古村落保护态度对迁居意愿有显著的正向影响。

以上假设关系可用路径图表示，具体如图4-1所示。

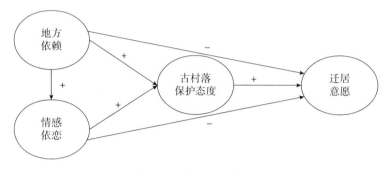

图4-1 关系假设模型

（二）问卷设计与调查

本书借鉴 Williams 等的地方依恋测量量表设计方法，结合婺源古村落的实际情况，对 Williams 等的测量量表加以改进，设计了测量地方依赖和情感依恋的各 5 个陈述句和测量居民迁居意愿的 4 个陈述句，形成从 1（代表"非常不同意"）到 5（代表"非常同意"）的 5 分制 Likert 量表，同时设计了测量居民古村落保护态度的 4 个陈述句，形成从 1（代表"很不重要"）到 5（代表"非常重要"）的 5 分制 Likert 量表。此外，问卷还包括居民人口学特征、古民居价值与保护现状评价、家庭旅游收益、旅游开发影响感知等方面的调查内容（见附录一）。调查小组一行 8 人于 2011 年 11 月 12~14 日分别对五个古村落的居民进行了入户调查和访谈，共发放问卷 350 份，回收整理后得到有效问卷 331 份。

所获样本中，旅游开发较成熟、开发与保护矛盾较尖锐的江湾、汪口和李坑的样本量居多，大部分被访者年龄在 21~50 岁、出生于本村、在古村落居住达 11 年以上和具有中等文化程度，调查样本较客观地反映了案例地人口构成的实际情况，因此调查样本质量较好（见表 4-2）。

表 4-2　样本情况

人口学特征		样本数	比例（%）	人口学特征		样本数	比例（%）
村落	汪口	78	23.6	文化程度	小学及以下	46	14.3
	江湾	114	34.4		初中	143	44.4
	晓起	46	13.9		高中/中专	103	32.0
	李坑	55	16.6		大专以上	30	9.3
	思溪	38	11.5	职业	农民	136	42.3
性别	男	176	54.5		个体旅游业经营者	57	17.7
	女	147	45.5		个体非旅游业经营者	32	9.9
年龄	20 岁及以下	32	9.9		其他	97	30.1
	21~35 岁	130	40.4	家庭收入来源	主要来自旅游业	38	11.9
	36~50 岁	100	31.0		部分来自旅游业	139	43.4
	51~65 岁	43	13.4		不来自旅游业	143	44.7
	66 岁及以上	17	5.3	在本村居住时间	10 年及以下	72	22.4
是否出生于本村	是	248	76.8		11~20 年	65	20.3
	否	75	23.2		21 年及以上	184	57.3

（三）信度与效度分析

本书根据 Williams（1992）的地方依恋理论从地方依赖与情感依恋两个维度来测量居民的地方依恋，其中，地方依赖维度是一种功能性的依恋，例如，居民对本村资源（如水资源、土地资源）与生活居住环境条件的依赖性，而情感依恋是一种居民的情感性依恋，即对古村落的感情。在大量参阅目前国内外地方依恋测量量表的基础上，本书将包括"您觉得您离不开这个村子和这个村子里的人""您认为这个村子比其他任何地方都更适合人居住""当您有困难时总能在这个村子中得到帮助""在这个村子生活比在其他地方生活更能让您感到满意""这个村子给您提供了其他地方无法提供的生活条件"这 5 个陈述句归属于地方依赖维度，将"您为自己生活在这个村子而感到骄傲和自豪""除非外出办事平时您更喜欢待在村子里""您对这个村子的喜欢程度胜过其他任何地方""出门在外时您经常想起您居住的这个小村庄""您从来没有想过要搬出这个村子而到其他地方居住"这 5 个陈述句归属于情感依恋维度。古村落保护态度包含 4 个陈述句："保护古村落的原貌""保护古村落周围的自然生态环境""保护古村落的传统文化和特色民俗活动""治理环境污染，保护居民生活环境和旅游环境"。迁居意愿包含 4 个陈述句："如果迁居有利于保护古村落，您愿意迁出""如果新居民点离古村落不远，您会考虑迁出""如果有相应的住房补贴，您愿意迁出古村""迁居是解决村民住房问题的最好办法"。

问卷的信度（Reliability）是指如果重复测量，一个问卷产生一致性结果的程度，可以通过用同一问卷得到的调查值之间的相关度来实现，如果相关程度高，则代表问卷信度较高，反之，则问卷信度较低。信度按不同的测量方法分为重复测试信度、复本信度和内部一致性信度。本书采用的测量方法是内部一致性信度中的 Cronbach's alpha 系数，可以通过 SPSS 17.0 中的可靠性分析来实现。可靠性分析发现，量表中"当您有困难时总能在这个村子中得到帮助""您从来没有想过要搬出这个村子而到其他地方居住""迁居是解决村民住房问题的最好办法"等陈述项降低了量表的整体可靠性，剔除后将会提高问卷的信度。剔除这些题项后可靠性分析显示，地方依恋总量表的 Cronbach's alpha 系数为 0.777，地方依赖维度的 Cronbach's alpha 系数为 0.667，情感依恋维度的 Cronbach's alpha 系数为 0.710，保护态度量表的 Cronbach's alpha 系数为 0.820，迁居意愿量表的 Cronbach's alpha 系数为 0.763。可见，测量量表有良好的内在信度。

效度分析可以反映量表内部各个测量指标的有效性，普遍采用 KMO 和 Bartlett 球形度进行因子分析，分析得出各个量表的 KMO 值分别为 0.712、0.726、0.801、0.670，大于临界值 0.6，Bartlett's 球形检验显著性概率值 p = 0.000<0.05，这表明量表具有较高的效度。

第二节　婺源古村落居民社区依恋的特征

一、居民地方依恋总体特征

一般而言，5 分制的 Likert 量表得分均值在 1~2.4 表示不同意或不重要，2.5~3.4 表示中立，3.5~5 表示同意或重要（Tosun，2002）。由表 4-3 可知，居民对古村落的地方依赖程度中等（M=3.48），其中，古村落的居住功能得到了居民较高的认同（M=3.73），在村落的生活满意度也较高（M=3.62）。居民对所居住的古村落具有情感依恋（M=3.79），也表现出较强的古村落保护意识（M=4.28），尤其在自然生态环境的保护（M=4.36）和环境污染的治理（M=4.35）上。但居民的迁居意愿相对较低（M=3.18），相比之下，如果新居民点离古村落不远，居民更愿意迁出（M=3.28），这从另一侧面反映了居民对古村落的情感依恋。

表4-3　变量描述统计（N=331）

潜变量及观察变量	均值	标准差
1. 地方依赖	3.48	0.730
X_1 您觉得您离不开这个村子和这个村子里的人	3.35	1.049
X_2 您认为这个村子比其他任何地方都更适合人居住	3.73	1.002
X_3 在这个村子生活比在其他地方生活更能让您感到满意	3.62	1.024
X_4 这个村子给您提供了其他地方无法提供的生活条件	3.23	1.045
2. 情感依恋	3.79	0.675
Y_1 您为自己生活在这村子而感到骄傲和自豪	3.79	0.966
Y_2 除非外出办事，平时您更喜欢待在村子里	3.72	0.905
Y_3 您对这个村的喜欢程度胜过其他任何地方	3.72	0.988
Y_4 出门在外时，您经常想起您居住的这个小村庄	3.95	0.831
3. 保护态度	4.28	0.638
Y_5 保护古村落的原貌	4.16	0.866
Y_6 保护古村落周围的自然生态环境	4.36	0.738
Y_7 保护古村落的传统文化和特色民俗活动	4.23	0.790
Y_8 治理环境污染，保护居民生活环境和旅游环境	4.35	0.765
4. 迁居意愿	3.18	0.893
Y_9 如果迁居有利于保护古村落，您愿意迁出	3.09	1.142
Y_{10} 如果新居民点离古村落不远，您会考虑迁出	3.28	1.043
Y_{11} 如果有相应的住房补贴，您愿意迁出古村落	3.16	1.068

从表4-3可以看出，地方依恋量表中除了"X_1您觉得您离不开这个村子和

这个村子里的人"，"X_4 这个村子给您提供了其他地方无法提供的生活条件"这两项的得分低于 3.4 外（分别为 3.35、3.23），其他各项得分均大于 3.6。地方依恋量表的总均值为 3.64，地方依恋达到中等偏高的程度，说明婺源古村落居民对古村落产生了较深的地方依恋情感。其中，地方依赖维度均值为 3.48，而情感依恋维度均值为 3.79，说明居民对古村落的情感性依恋要大于功能性依恋（即地方依赖），古村落居民的地方依恋主要来自于情感依恋维度。

具体到各个陈述项来看，地方依赖均值最低的两个选项 X_1、X_4，其反对率（包括不同意与非常不同意）分别达到 21.5%、26.3%，而其他陈述项的反对率均没有超过 20%，分别有 65.1% 与 57.7% 的居民赞成（包括同意与非常同意）"X_2 您认为这个村子比其他任何地方都更适合人居住"，"X_3 在这个村子生活比在其他地方更能让您感到满意"（见表 4-4）。这说明虽然随着现代经济的快速发展，古村落居民对古村落环境与基础生活设施表现出一定的不满与失望，某些要求与条件无法满足，村民对古村落的功能性依恋正逐渐减弱，但居民的地方依赖水平仍然中等偏上，对目前的古村落社区生活仍比较满意。

表 4-4　居民地方依恋题项频率统计　　　　　　　单位：%

地方依恋量表	非常不同意	不同意	中立	同意	非常同意
地方依赖维度					
X_1 您觉得您离不开这个村子和这个村子里的人	4.6	16.9	29.4	36.6	12.5
X_2 您认为这个村子比其他任何地方都更适合人居住	3.7	6.9	24.3	43.0	22.1
X_3 在这个村子生活比在其他地方更能让您感到满意	2.5	11.8	28.0	36.4	21.3
X_4 这个村子给您提供了其他地方无法提供的生活条件	4.1	22.2	31.9	30.6	11.2
情感依恋维度					
Y_1 您为自己生活在这个村子而感到骄傲和自豪	3.7	5.0	21.5	47.7	22.1
Y_2 除非外出办事，平时您更喜欢待在村子里	1.3	10.9	18.8	53.1	15.9
Y_3 您对这个村子的喜欢程度胜过其他任何地方	1.6	11.9	21.9	42.8	21.8
Y_4 出门在外时，您经常想起您居住的这个小村庄	1.3	4.7	15.6	55.0	23.4

在情感依恋维度中，可以看到绝大多数居民对本村的喜欢程度是相当高的，体现在 Y_1、Y_2、Y_3、Y_4 的赞成率（包括同意与非常同意）分别高达 69.8%、69%、64.6%、78.4%，均高于 60%，尤其是"Y_4 出门在外时，您经常想起您

居住的这个小村庄"的赞成率甚至超过了75%。这说明尽管居民对古村落的功能性依赖不是特别高，但居民的地方认同比较强烈，对古村落的情感也是比较深的。

二、居民地方依恋差异特征

方差分析所要解决的问题是，检验观测变量在控制变量的不同水平上的取值是否存在显著差异。本书将不同的古村落、性别、年龄、文化程度、职业、是否出生本村、居住时间以及家庭收入来源作为控制变量，将地方依恋、地方依赖、情感依恋的均值作为观测变量来进行单因素方差分析，以探索居民地方依恋、地方依赖以及情感依恋在不同的因素影响下的差异性特征。为了消除某些变量样本太少对分析结果产生的影响，将年龄中的"51~65岁""66岁及以上"两组样本合并为"51岁及以上"。各控制变量下的地方依恋、地方依赖、情感依恋均值以及单因素方差分析结果分别如表4-5、表4-6所示。

表4-5 不同因素下的地方依恋均值

变量	类别	N	地方依恋均值	地方依赖均值	情感依恋均值
古村落	汪口	78	3.79	3.63	3.95
	江湾	111	3.40	3.24	3.55
	晓起	44	3.79	3.62	3.95
	李坑	50	3.69	3.50	3.88
	思溪	38	3.81	3.72	3.90
性别	男	174	3.72	3.57	3.86
	女	145	3.55	3.37	3.73
年龄	20岁及以下	32	3.58	3.42	3.73
	21~35岁	128	3.57	3.38	3.76
	36~50岁	100	3.58	3.45	3.71
	51岁及以上	59	3.91	3.79	4.04
文化程度	小学及以下	46	3.57	3.43	3.71
	初中	141	3.72	3.58	3.86
	高中/中专	103	3.54	3.34	3.73
	大专以上	29	3.77	3.62	3.92

续表

变量	类别	N	地方依恋均值	地方依赖均值	情感依恋均值
职业	农民	135	3.71	3.56	3.85
	个体旅游业经营者	55	3.54	3.34	3.74
	个体非旅游业经营者	32	3.64	3.49	3.79
	其他	97	3.62	3.46	3.77
是否出生本村	是	247	3.68	3.54	3.82
	否	72	3.51	3.29	3.72
居住时间	10年及以下	71	3.47	3.28	3.66
	11~20年	65	3.49	3.35	3.62
	21年及以上	182	3.77	3.61	3.92
家庭收入来源	主要来自旅游业	36	3.73	3.57	3.88
	部分来自旅游业	136	3.67	3.50	3.83
	不来自旅游业	143	3.60	3.45	3.74

表4-6　单因素方差分析

	N	DF	地方依恋		地方依赖		情感依恋	
			F 值	P 值	F 值	P 值	F 值	P 值
古村落	319	4	4.594	**0.001****	4.838	**0.001****	6.000	**0.000****
性别	317	1	4.725	**0.030***	4.521	**0.034***	0.770	0.381
年龄	317	4	4.085	**0.003****	3.112	**0.016***	2.390	0.051
文化程度	317	3	2.137	0.095	1.204	0.308	1.050	0.371
职业	317	3	1.520	0.209	0.618	0.604	1.839	0.140
是否出生本村	317	1	6.623	**0.011***	8.244	**0.004****	0.509	0.476
居住时间	316	2	8.527	**0.000****	7.428	**0.001****	6.353	**0.002****
家庭收入来源	313	2	0.322	0.725	0.021	0.979	0.877	0.417

注：* 表示在0.05的显著性水平下差异显著；** 表示在0.01的显著性水平下差异显著。

由单因素方差分析结果可以看出：

（1）不同古村落之间的居民地方依恋、地方依赖、情感依恋均有显著性差异。从表4-5中可以看出，江湾居民的地方依恋、地方依赖、情感依恋均最低，均值分别为3.40、3.24、3.55，其次为李坑，其均值分别为3.69、3.50、3.88，而汪口、晓起、思溪三个古村落的三项均值均高于江湾与李坑这两个古村落。

这说明经济较发达、开发较早的古村落居民的地方依恋要低于经济较落后、开发较晚的古村落，这与古村落中居民的出生地、居住时间以及村民与旅游公司的关系有关。不同古村落居民出生地及居住时间如表4-7所示。江湾与李坑是婺源旅游开发最早、最成功、最能体现旅游商业价值的两个古村落，繁荣的旅游经济、良好的地理位置和市场前景以及名人效应使江湾在婺源旅游开发之初就吸引了很多商家与居民前来定居发展，有很多居民不是土生土长的本地人，居住时间也不长，因此对古村落还没有形成特别深厚的感情，地方依恋程度不高。发达的旅游经济虽然给李坑的村民带来了不菲的旅游收益，但利益分配不均已多次引起村民与旅游公司以及政府部门之间的激烈冲突，各利益主体之间矛盾较深，这些冲突与矛盾必将影响村民的地方依恋程度。反观另外三个古村落，经济较落后，外地迁入人员较少，绝大多数居民世代生活在村子里，对古村落积累了深厚的感情，同时因旅游收益较少，村民与旅游公司的矛盾冲突也较少，因此地方依恋程度较高。

表4-7 不同古村落居民出生地及居住时间统计

单位：%

古村落	是否出生本村		居住时间		
	是	否	10年及以下	11~20年	21年及以上
江湾	64.3	35.7	34.2	22.5	43.3
晓起	69.8	30.2	25.6	16.3	58.1
李坑	80.8	19.2	13.7	13.7	72.6
思溪	81.6	18.4	21.1	10.5	68.4
汪口	93.6	6.4	10.3	28.2	61.5

（2）不同性别居民之间的地方依恋、地方依赖有显著性差异，情感依恋则没有显著差异，说明居民地方依恋在性别上的差异主要来自地方依赖维度。男性的地方依恋、地方依赖均值分别为3.72、3.57，大于女性的地方依恋（M=3.55）与地方依赖均值（M=3.37），这可能与家庭收入的成员结构有关系。古村落中男性在大多数家庭创收中扮演主要角色，如餐馆旅馆老板、商店老板、行政人员、田间劳作的主要劳力基本为男性，他们与游客及外界环境接触更多，对旅游开发的参与度更高，对古村落的资源依赖程度也就更强，旅游开发意识高于女性，从而导致他们的地方依恋程度高于女性。

（3）不同年龄居民之间的地方依恋、地方依赖有显著性差异。51岁及以上的居民地方依恋程度明显高于其他年龄段的居民，地方依恋、地方依赖和情感依恋三个维度的均值分别为3.91、3.79、4.04，说明年龄较大的居民地方依恋程度要高于年龄较小的居民。调研中和一些老人聊天时间及他们是否愿意搬迁，他们的回答基本上是不愿意，原因是他们在这里生活了一辈子，对这个地方的回忆太多了，感情太深了。这些回忆与情感在漫长岁月中逐步积淀，最终不仅对古村落形成了功能性依赖，同时也对古村落中的人与事物形成了情感性依恋，因此他们的地方依恋程度普遍较高。

（4）不同出生地居民之间的地方依恋、地方依赖有显著差异。对出生于古村落中的居民来说，他们从小就生活在古村落中，对古村落有着特殊的感情，因此出生于本村的居民地方依恋（M=3.68）与地方依赖（M=3.54）程度要高于非本村出生的居民（对应的均值分别为3.51、3.29）。

（5）不同居住时间居民之间的地方依恋、地方依赖、情感依恋均有显著性差异。具体来说，总体趋势是随着居民居住时间的增加，居民的地方依恋、地方依赖和情感依恋三个维度的均值也增加。由于出生地与年龄对地方依恋均有显著性影响，说明居住时间是影响居民地方依恋程度的重要因素。实际上，随着居住时间的增加，居民长时间在古村落中生产、生活，习惯了古村落中的环境、人际关系以及生产关系，积累了丰富的回忆与深厚的感情，其地方依恋程度也随之相应地增强。

（6）不同文化程度、职业以及不同家庭收入来源的居民之间的地方依恋、地方依赖、情感依恋均没有显著差异，因此这几个变量对地方依恋的影响不大。

综上所述可知：①时间与旅游开发程度是影响居民地方依恋的主要因素，地方依恋在不同年龄、不同出生地以及居住时间上的差异反映了时间因素对地方依恋的影响，地方依恋在不同古村落上的差异反映了旅游开发程度对地方依恋的影响；②旅游开发程度与时间是影响居民地方依赖程度的重要因素，地方依赖在不同古村落上的差异反映了旅游开发程度对地方依赖的影响，在不同年龄、出生地与居住时间上的差异反映了时间对地方依赖的影响；③时间是影响居民情感依恋的主要因素，情感依恋在不同居住时间上的差异反映了时间因素对情感依恋的影响。

第三节　社区依恋对居民迁居意愿的影响

一、测量模型检验

本书运用结构方程软件 AMOS 17.0 进行分析，利用回归取代法进行缺失值的估计。本书有效样本量 331 份，达到了 Boomsma（1987）提出的"运用极大似然法估计结构方程模型时最少的样本量为 200"的标准。测量模型分析显示，观察变量的标准化负荷介于 0.502~0.875，均大于 0.50。潜变量和观察变量的测量误差方差均为正数且达到 0.05 的显著水平，每个估计参数的标准误均很小（介于 0.026~0.177）。这些结果表明，假设模型没有违反辨认规则，模型的基本适配度良好。地方依赖、情感依恋、保护态度和迁居意愿测量量表的 Cronbach's α 系数分别为 0.67、0.71、0.82、0.76，潜变量的组合信度（CR）在 0.67~0.83，达到了 Bagozzi 和 Yi（1988）主张的组合信度大于 0.60 的标准，潜变量的平均方差抽取量（AVE）大于或接近 0.50，整体上看测量量表具有较好的内在信度，模型的内在质量良好（见表 4-8）。

表 4-8　测量模型分析结果

变量	非标准化负荷	标准误	t 值	标准化负荷	α	组合信度（CR）	平均方差抽取量（AVE）
地方依赖（ξ）					0.67	0.67	0.34
X_1	1.000			0.502			
X_2	1.219	0.161	7.554*	0.639			
X_3	1.269	0.166	7.624*	0.651			
X_4	1.047	0.154	6.784*	0.528			
情感依恋（η_1）					0.71	0.73	0.41
Y_1	1.000			0.504			

变量	非标准化负荷	标准误	t 值	标准化负荷	α	组合信度（CR）	平均方差抽取量（AVE）
Y_2	1.241	0.157	7.886*	0.668			
Y_3	1.427	0.177	8.083*	0.704			
Y_4	1.107	0.142	7.777*	0.650			
保护态度（η_2）					0.82	0.83	0.54
Y_5	1.000			0.709			
Y_6	0.954	0.077	12.332*	0.794			
Y_7	1.015	0.083	12.296*	0.790			
Y_8	0.801	0.077	10.363*	0.643			
迁居意愿（η_3）					0.76	0.77	0.53
Y_9	1.000			0.684			
Y_{10}	1.169	0.123	9.530*	0.875			
Y_{11}	0.829	0.088	9.435*	0.607			

注：*表示参数估计在99.0%的置信水平下显著。

二、结构模型检验

本书基于协方差矩阵采用极大似然法（ML）进行参数估计，结果显示：地方依赖对保护态度产生了不显著的负向影响，负向影响作用缺乏理论依据；情感依恋对迁居意愿产生了不显著的正向影响。因而删除地方依赖与保护态度、情感依恋与迁居意愿之间的路径关系，假定地方依赖对保护态度、情感依恋对迁居意愿无直接影响，重新进行参数估计。结构模型分析结果如表4-9所示，其中，估计值为非标准化回归系数值，标准化回归系数值（β值）即变量间的路径系数，此路径系数为标准化直接影响效果值。结果表明，地方依赖对情感依恋、情感依恋对保护态度、保护态度对迁居意愿均产生了显著的正向影响，地方依赖对迁居意愿产生了显著的负向影响，模型假设H1、H3、H4、H6得到了验证，假设H2、H5没有得到验证。

表4-9　结构模型分析结果

	估计值	标准误	t 值	β 值
情感依恋←地方依赖	0.844	0.135	6.228**	0.930
保护态度←情感依恋	0.546	0.104	5.254**	0.424
迁居意愿←地方依赖	−0.304	0.119	−2.552*	−0.203
迁居意愿←保护态度	0.363	0.100	3.622**	0.284

注：* 、** 分别表示参数估计在95.0%、99.0%的置信水平下显著。

整体模型适配度检验结果表明，整体模型的绝对适配度指数（如 RMSEA、GFI、AGFI）、增值适配度指数（如 NFI、NNFI、RFI、IFI、CFI）和简约适配度指数（如 PGFI、PNFI）大部分达到了相应的标准，只有个别指标（如 NFI、RFI）未达到但也非常接近标准值，说明整体模型拟合较好（见表4-10）。

表4-10　结构模型拟合指数

评价指标	NC	RMSEA	GFI	AGFI	NFI	NNFI	RFI	IFI	CFI	PGFI	PNFI
评价标准	1~3	<0.08	>0.90	>0.90	>0.90	>0.90	>0.90	>0.90	>0.90	>0.50	>0.50
指数值	1.99	0.055	0.934	0.908	0.892	0.930	0.868	0.943	0.942	0.670	0.731

由表4-11可知，地方依赖对情感依恋具有重要的直接影响，居民对古村落的情感依恋很大程度上源于对古村落居住生活功能的依赖。地方依赖对保护态度只有间接影响，地方依赖主要是通过情感依恋影响居民的保护态度，情感依恋在其中起着媒介的作用。相比较而言，居民情感依恋对保护态度的影响作用（$β_总$ = 0.424）要大于地方依赖的影响（$β_总$ = 0.394），说明居民保护态度的影响因素中，情感因素的影响作用大于功能因素。居民的情感依恋对迁居意愿没有负向影响，而是以保护态度为媒介对迁居意愿产生了正向的影响，说明虽然居民对古村落产生了依恋，但出于保护古村落的考虑，还是表现出支持迁居计划，愿意迁出古村落居住。然而从功能依赖的角度考虑，居民不愿意迁出古村落，相比较而言，情感因素对迁居意愿的正向影响（$β_总$ = 0.121）要大于功能因素的负向影响（$β_总$ = −0.091），但对迁居意愿影响最大的直接因素还是居民的保护意识和态度（$β_总$ = 0.284）。

表 4-11　各潜变量间的影响作用

		地方依赖	情感依恋	保护态度
情感依恋	直接影响	0.930		
	总影响	0.930		
保护态度	直接影响		0.424	
	间接影响	0.394		
	总影响	0.394	0.424	
迁居意愿	直接影响	-0.203		0.284
	间接影响	0.112	0.121	
	总影响	-0.091	0.121	0.284

三、研究结论

对于古村落保护问题，以往更多地从产权、经营权和利益分配等角度进行研究。本书研究发现，居民对古村落的情感依恋在古村落保护中有着重要的影响作用，主要体现在：①居民对古村落的情感依恋对其村落保护态度有显著的积极影响，情感依恋对村落保护态度的影响作用大于地方依赖，说明情感因素在村落保护中有着比功能因素更为重要的影响作用。然而，居民对村落的情感依恋受到地方依赖的积极影响，居民对村落生活居住方面的功能依赖是形成居民对村落的情感依恋的重要因素。功能依赖因素主要是通过居民的情感依恋因素间接影响村落保护。②居民对古村落的功能依赖使其不愿意迁出村落而成为居民迁居计划的阻力因素，而居民对古村落的情感依恋增强了居民的迁居意愿而成为迁居计划的推力因素，而且情感依恋的推力作用大于功能依赖的阻力作用。一般情况下，居民的情感依恋是迁居的阻力因素。但本书研究发现，如果居民有较强的保护意识和态度，并认识到迁居有利于古村落的保护，情感依恋因素会成为居民迁居的推力因素。出于保护村落的考虑，居民还是表现出支持迁居计划，愿意迁出古村落居住。居民的情感依恋通过居民的古村落保护态度对迁居意愿产生影响作用。

第四节　基于社区依恋的古村落资源保护对策

居民与村落之间的情感关系研究有助于更深入地认识居民的村落保护态度与行为的影响因素及其作用机制，为古村落的有效保护、旅游开发和管理措施的制定提供参考。本书研究表明，古村落居民的旅游资源保护态度同时受地方依赖和情感依恋两个维度的影响，其中，情感依恋直接对资源保护态度产生显著的正向影响，地方依赖则通过情感依恋的媒介作用间接对资源保护态度产生正向影响。情感因素是古村落保护的隐性影响因素，在古村落保护中起着比功能依赖这一显性因素更为重要的影响作用。因而在古村落保护中应重视发挥居民情感因素的作用，激发居民的自豪感、归属感和认同感，增强居民的保护意识。基于以上分析，本书提出应从提高居民对古村落的地方依赖和情感依恋、改变居民迁居意愿几个方面来加强古村落旅游资源的保护。

一、基于地方依赖的古村落保护措施

（一）改善古村落的居住环境

调研发现，古村落的旅游资源保护与居民生活居住条件的改善愿望之间的矛盾是影响古村落保护的最大问题。由"在您的生活中最重要的是（可多选）"这一问题的调查结果可知，选择"本村的居住环境"与"祖上留下来的古民居建筑"这两项的比例分别占到 61.9%、49.6%（见图 4-2），此外有 91.1% 的居民认为应该"保护古村落周围的自然生态环境"，88% 的居民认为"治理环境污染，保护居民生活环境和旅游环境"重要（包括重要和非常重要）（见表 4-12）。良好的居住环境必然会提高居民的地方依赖，改善居民居住环境，包括改善居民居住条件与加强古村落生态环境保护，具体可以从以下两个方面实施。

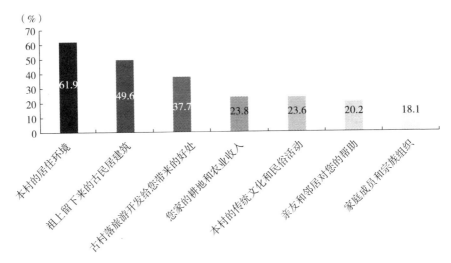

图 4-2 在您的生活中最重要的方面（N=331）

表 4-12 居民对古村落保护措施重要性程度的调查   单位：%

居民资源保护态度	很不重要	不重要	中立	重要	非常重要
保护古村落的原貌	1.6	3.4	11.2	45.3	38.5
保护古村落的传统文化和特色民俗活动	0.3	1.6	15.5	39.4	43.2
保护古村落周围的自然生态环境	0.9	0.9	7.1	42.9	48.2
治理环境污染，保护居民生活环境和旅游环境	0.6	1.2	10.2	37.9	50.1

（1）加大古村落保护的资金投入。除了政府每年在财政上拿出部分专款外，旅游开发公司也应从旅游收益中拿出部分专项资金用于修缮居民住房和保护生态环境。相关部门应每年组织专家对古村落内的古民居、古建筑进行检查，对于损坏较为严重的古建筑要及时上报，申请维修资金；开展生态环境的定期评估，监督旅游公司是否采取了生态环境保护措施或是否存在破坏性建设，如有破坏生态环境的行为要有一定的惩罚措施。

（2）完善古村落的基础设施建设。政府、旅游开发公司、村委会三方应相互支持，不断完善古村内的基础设施。例如，在古村内选取适当位置修建休憩广场、生态厕所等公共设施，做好给排水与污水处理，增加消防设施等，改善古村落的生活居住条件。值得注意的是，在修建或添置公共设施时，其风格要与古村落的整体风貌相协调，既要实用美观又要体现婺源的当地特色。

（二）增加古村落居民的旅游收益

（1）重视居民的旅游开发收益分享。希望通过旅游开发提高经济收入和生活水平是居民对古村落的地方依赖的重要方面。如果居民正当的利益诉求得不到满足，则可能发生居民故意破坏古村落的旅游环境和形象、影响景区的正常经营的行为。2011年7月13日，婺源李坑景区村民因不满门票收益分成封堵景区大门，这种"非暴力不合作"持续了整整一个月①。自从2001年李坑旅游开发以来，村民多次以封堵景区的方式争取更多的旅游经济收益。居民与经营者之间矛盾的根源是古村落的旅游开发管理模式和利益分配机制。要增强古村落居民的资源保护意识，必须从开发管理模式和利益分配机制上保证居民能够在旅游发展中获得较为满意的经济利益，同时完善古村落的生活设施与环境，提高居民的社区满意度，以增强居民与古村落之间的情感关系，促进古村落的保护。

（2）开发特色旅游商品和体验活动。旅游开发公司应针对不同的古村落开发各具特色的旅游商品，使居民通过销售特色旅游商品增加旅游收益。此外，应进一步丰富古村落的旅游体验活动。例如：可以在江湾、李坑等古村落现场表演古徽剧，游客可亲自参与灯彩、抬阁、傩舞等民间艺术表演；组织村民现场制作糯米子糕、气糕等特色小吃；鼓励村民开办农家乐，吸引游客在古村落中"过夜游"。旅游公司应对古村落内的旅游经营进行规范，防止恶性竞争。

（三）完善旅游开发与管理模式

自旅游开发以来，婺源古村落居民与景区经营者之间冲突不断，不仅对婺源古村落的旅游发展造成了不利影响，也不利于古村落的旅游资源保护。改善居民与旅游开发公司之间的关系，除了上文提出的提高居民旅游收益外，根本措施是要优化旅游开发与管理模式。

（1）充分发挥旅游公司的主体作用。2007年，婺源组建了婺源旅游股份有限公司，对古村落的旅游资源进行规划、开发和日常的运营管理，政府除了行政管理，也介入景区管理中。比如，2017年由于违章建筑太多，县政府要求李坑村停业整顿，直到2018年3月才恢复开业。旅游公司一方面应凭借自身的经济实力、管理水平、营销手段不断做大婺源旅游这块"蛋糕"，提高婺源旅游

---

① 参见央视《新闻调查》栏目2011年10月8日发布的《新闻调查：李坑之困》。

发展水平，增加居民的旅游收益和就业；另一方面，在旅游的深度开发中应将基础设施建设、古民居的维修、生态环境保护等造福于民的项目纳入到旅游总体规划中，切实为古村落居民谋得更多的利益，从而调动村民保护资源的积极性，形成旅游公司、政府、居民三者共赢的局面。

（2）加强政府的引导与规范作用。在古村落旅游开发过程中，婺源县政府一方面应制定相应的政策和法规，规范古村落的保护，在保障居民利益的基础上最大程度地保护古村落；另一方面，应充当宏观调控者的角色，协调各利益相关者之间的关系，尤其应充分考虑到古村落居民这一弱势群体的利益。

（3）加强旅游管理中的居民参与。调查显示，在古村落的旅游开发与管理中，有55.4%的居民认为应该让村民参与管理，33.5%的居民认为应该听取村民意见（见图4-3），可见居民对参与旅游管理的积极性比较高。因此建议旅游开发公司在景区管理中吸纳当地居民，引导村民参与旅游开发经营，认真听取他们的意见，了解旅游开发给古民居所有者带来的利弊影响，从而采取相应的措施，提高居民的社区满意度。

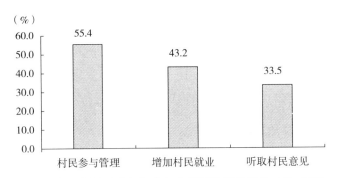

图4-3　您觉得村民应如何参与古村落的旅游开发（N=331）

二、基于情感依恋的古村落保护措施

古村落的管理措施应有利于维系和充分调动居民的积极情感。居民长期生活在古村落中，对古村落积淀了深厚的感情，这种感情是客观存在的、深层次的，包括居民对古村落历史文化的自豪感、身份认同感和社区归属感等。旅游开发一方面增强了居民的这些情感，例如，旅游开发挖掘和彰显了古村落的辉煌历史与灿烂文化，当地居民通过与祖上名人的联系而获得自豪感，与游客的互动强化了居民的身份意识，增强了身份认同感。但另一方面，旅游开发也可能对居民与村落的情感关系造成一些负面影响，如旅游开发改变了村落生活居住环境，对纯朴的人际关系造成一些冲击，并导致村落的社会分化，从而削弱了居民的社区归属感。旅游地管理的政策措施应有利于维系居民对村落的情感，并通过对村落历史文化及其价值的宣传和正确保护的知识普及等途径调动居民的积极情感，增强居民的自觉保护意识。调研发现，2007年6月婺源开始实行的"通票制"客观上削弱了古村落居民的话语权，这对于维系居民的地方情感和古村落保护是不利的。

（一）提高居民对古村落的价值感知

调研中发现仍有一部分居民对古村落的价值认识不足，有15.3%的被访居民认为祖上留传下来的古民居价值一般或者比较低，价值感知不高。因此可从增强居民价值感知的角度来提高居民的情感依恋，进而增强居民的资源保护意识。

（1）提升古村落居民的自豪感。本书研究表明，时间是影响情感依恋的重要因素，其主要原因就在于长期生活于其中可以让村民了解本村的历史、亲历本村的变化并密切关注本村的未来发展。所以应重视采用多种宣传手段，让居民尤其是年轻人充分了解本村的发展历史和传统文化，认识到古村落的历史价值、文化价值、艺术价值与科考价值，从而唤起古村落居民的自豪感，增强他们的古村落保护意识，激励他们参与到古村落的建设与保护中来。

（2）规划建设村史博物馆。村史博物馆、陈列馆不仅对居民开放，也对游客开放，这样一方面起到吸引游客的作用，另一方面当居民目睹了游客了解和赞赏本村的历史文化时，必然会提高他们对本村的价值感知。馆内可陈列族谱及相关的历史文献作为古村的历史见证，放置古代的农具、手工业生产工具，采取图片、实物、文字、影音、讲解相结合的方式，介绍各个村子的历史文化、历史名人和历史事件。

（二）加强非物质文化遗产保护

联合国教科文组织《保护非物质文化遗产公约》将非物质文化遗产（Intangible Cultural Heritage）定义为被各团体、群体、有时为个人视为其文化遗产的各种表演、实践、技能、知识体系和表现形式及其有关的实物、工艺品、工具和文化场所。调查发现，有23.6%的被访居民认为"本村的传统文化和民俗活动"在他们的生活中最重要，有82.6%的被访居民认为"保护古村落的传统文化和特色民俗活动"重要或非常重要，由此可见非物质文化遗产在居民心目中的重要性。非物质文化遗产是地方文化认同的重要载体，因此通过加强非物质文化遗产保护来提升居民的情感依恋是很有必要的。

（1）策划与举办旅游节庆活动。节庆活动的举办不仅可以丰富旅游活动内容，还可以提升当地旅游形象，同时也可以向外界展示与传承本地的非物质文化。目前婺源县策划举办了"中国乡村旅游文化节""婺源茶文化节""篁岭晒秋文化节""梦里老家中秋拜月大典""婺源油菜花旅游文化节"等旅游节庆活动。应根据旅游消费市场的变化不断更新策划新的旅游节庆活动，深入发掘婺源民俗文化、著名人物等方面的内涵，围绕其中某些主题举办文化节。

（2）举办传统技艺学习与比赛活动。首先，举办并鼓励村民参加各种形式的民间艺术学习和技能竞赛活动，加强民间艺人之间的相互交流，借此来繁荣民间艺术；其次，当地政府可以与相关高校、研究机构合作，促进本地民间艺术的创新，提升民间艺术的文化品位和旅游吸引力。

三、基于迁居意愿的古村落保护措施

（一）尊重居民的地方情感

本书研究表明，婺源古村落居民的迁居意愿只达到了中等水平，有相当一部分居民不愿意搬迁，其中重要的阻碍因素就是居民在古村落居住时间较长，对古村落产生了比较深的情感依恋。因此在制订和实施搬迁计划时，应考虑居民的地方依恋这一重要的情感因素，充分尊重居民的情感，以提高居民对搬迁计划的支持度，减少抵触情绪，减少搬迁的阻力。

（1）新居住区应尽量靠近原居住地。居住新区的规划建设要考虑维系居民与村落的情感关系。针对"如果为了保护古村落需要迁出部分村民，您希望迁到哪个地方"这个问题的调查结果发现，有63.72%的居民选择希望搬到村子附近（见图4-4）。因此，在制定迁居计划和政策、解决古村落居民的居住问题时，居住新区的选址应靠近古村落，既与古村落相互独立，又能连为一体，让居民感觉仍在古村落中生活，以维护原有的邻里关系，维系居民与古村落之间的情感关系，这样有利于迁居计划得到居民更多的认同与支持。

（2）新村建设要充分考虑居民的意见。新村的设计应充分考虑搬迁居民的需求，让其广泛参与到新村方案的设计过程中，并与设计者交换意见，从而制

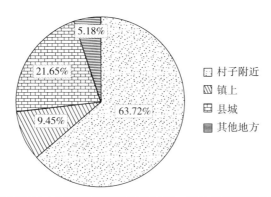

图 4-4　如果为了保护古村落需要迁出部分村民，您希望迁到哪个地方（N=328）

订更符合村民需要的建设方案。例如，居民的地方依恋会表现在对新村建筑风格的偏好上。具有地方依恋的居民可能希望新村建设延续古民居的建筑风格，而有的居民可能更偏爱现代建筑风格。建设新村应征求村民的意见，使居民新村更舒适宜居。

（二）营造良好的新村环境

营造良好的新村环境有助于减少居民对新环境的不适应，提高居民对新村的地方依赖，从而改变居民的迁居意愿。

（1）营造良好的新村居住环境。应做好新村的总体规划，完善各项公共基础设施和文体娱乐设施，为村民提供一个良好的居住环境。村委会应在新村中组织形式多样的文化娱乐活动，一方面丰富村民的休闲娱乐生活，提高居民的社区满意度；另一方面也给居民之间创造交流与沟通的机会，增加新村的人文气息，培养和增进居民对新社区的情感。

（2）制定完善的就业保障措施。一部分村民平时在古村落内从事与旅游有关的工作，一旦外迁，可能意味着失业，政府与旅游公司需要慎重考虑这部分人员的再就业问题。婺源可以借鉴乌镇"腾笼换鸟"的方法，即居民搬迁后，古村中部分住房在符合古民居和古村整体风貌保护的前提下用于旅游商业开发，优先考虑原住居民返回到古村中从事旅游服务工作。此外，政府还可以举办居民再就业培训班，劳动就业部门积极主动做好中介服务工作；鼓励有能力的居民自主创业，并在政策与资金方面给予支持。

（三）制订人性化的搬迁计划

调研中发现，除了居民的地方情感影响因素外，具体搬迁政策不当也是阻碍居民迁居的重要因素，很多居民因为家庭经济条件的限制而不愿意搬迁。如果能在搬迁政策上充分考虑居民的实际困难，必将有效推动迁居方案的顺利实施。应从居民切身利益和实际困难出发，制定廉租房、以房换房、经济适用房、困难户住房补贴等优惠政策，以减轻搬迁户的经济压力，提高他们搬迁的积极性与主动性。对于家庭经济拮据的搬迁户，应视其情况为他们提供购房资金借贷优惠或者购房补贴等，以帮助他们克服困难，顺利搬迁。

第五章

山岳旅游地居民社区依恋
——以庐山牯岭镇为例

第一节 研究案例概况及研究设计

一、研究背景

建立国家公园体制是我国生态文明体制改革的重要内容。2015年9月出台的《生态文明体制改革总体方案》指出，要改革各部门分头设置自然保护区、风景名胜区、文化自然遗产、地质公园、森林公园等的体制，对上述保护地进行功能重组，合理界定国家公园范围。目前我国的国家公园体制还处在试点和探索阶段，尽管国家级风景名胜区不能等同于国家公园，但长期以来在一些官方文件中都将其与国家公园（National Park）对应。适度旅游开发是风景名胜区资源的重要利用方式，游憩和社区发展一直是我国风景名胜区的重要职能。长期以来，风景区内的居民对风景区资源及旅游经济有较大的依赖，资源保护与社区发展之间的矛盾成为一个普遍性问题。国家公园管理中的社区冲突并非中国独有。高燕等（2017）以境外国家公园社区冲突为案例，梳理了公园管理机构与社区之间冲突的具体表现，发现社区冲突是由公园定界、公园生态保护和公园开发利用三个方面所引致，由此追根溯源至土地政策、利益机制和管理手段。大量实际案例表明，凡是尊重和顾及了当地居民利益的风景区，均得到了较好的发展（如九寨沟、皖南西递等），而未充分考虑居民利益的风景区则冲突不断，资源保护和旅游发展受到很大的威胁（如皖南宏村、婺源李坑等）。社区居民对风景区旅游开发的参与以及对旅游开发的态度是影响风景区旅游可持续发展的重要因素。程绍文等（2013）将国家公园社区居民的感知和态度纳入旅游可持续发展的评价研究，证明了社区居民的态度对国家公园的旅游可持续发展有着重要影响。

国家公园内或周边社区居民是国家公园资源保护和旅游发展的核心利益相关者之一，社区居民的感知、态度和参与已成为国外国家公园研究的热点。Ezebilo 和 Mattsson（2010）对尼日利亚克里斯河（Cross River）国家公园周边当地人对保护区的社会经济利益的感知进行了研究，发现国家公园为当地基础设施的改善做出了贡献，但三个案例村落中，只有一个村落从旅游发展中获益。Akyeampong（2011）探讨了加纳 Kakum 国家公园周边居民对旅游开发的期望、体验和感知，认为旅游的可持续发展需要同时完善旅游产品和改善居民生活，扶贫旅游的成功需要居民参与决策。Florian 等（2017）以坦桑尼亚 Kilimanjaro 国家公园旁的当地社区为例，探讨了赋权水平对旅游发展感知维度的影响，认为应该给当地人赋权，让他们得到更多的旅游相关信息和培训机会，以得到当地人对旅游发展的支持。Buono 等（2012）讨论了意大利国家公园管理中当地社区的参与实践，指出建立一个保护区管理的社区参与框架的必要性。Acquah 等（2017）以加纳（Mole）国家公园为案例的研究表明，是否参与社区资源管理成为影响社区对国家公园的态度的重要因素。在一些研究者看来，社区不再是国家公园管理的外在影响因素，而是内部管理框架中的一个重要组成部分，例如，Aymoz 等（2013）、Hussain 等（2017）相继提出了基于社区的自然资源可持续管理途径。

出于保护旅游资源、提高景区环境承载力以及改善景区居民居住条件的考虑，一些景区制订了居民搬迁计划。为了顺利实施搬迁计划，最大程度减少居民的抵触情绪，许多景区采取旅游资源保护的法律手段、安居就业优惠政策的行政手段、货币补偿的经济手段来获取居民的配合与支持，而忽视了居民对原居住地的地方依恋这一地方情感因素对居民迁居态度与行为的影响。庐山风景名胜区管理局早在 2004 年的发展规划中就明确提出了山上居民搬迁计划，这些年一直在酝酿、筹划和调整具体的搬迁方案，目前部分居民已迁下山。本书从地方依恋的视角，来考察庐山居民对搬迁的态度，以期为庐山的居民搬迁和新社区建设提供参考。

二、研究案例地概况

庐山位于江西省九江市，北濒长江，东临鄱阳湖，是一座地垒式断块山，整个山体南北长 29 千米，东西宽约 16 千米，风景区总面积 302 平方千米，山体面积 282 平方千米，主峰大汉阳峰海拔 1474 米，春如梦、夏如滴、秋如醉、冬如玉，四季可游，自古以"雄、奇、险、秀"闻名于世，素有"匡庐奇秀甲天下"之美誉。庐山年平均降水 1917 毫米，年平均雾日 192 天，夏季平均气温只有 22.6℃左右，良好的气候条件和优美的自然环境，使庐山在 19 世纪末就成为世界著名的避暑胜地。1996 年 12 月 6 日，联合国教科文组织世界遗产委员会批准庐山以"世界文化景观"列入《世界遗产名录》。世界遗产委员会对庐山的评价是：江西庐山是中华文明的发祥地之一。这里的佛教和道教庙观，代表理学观念的白鹿洞书院，以其独特的方式融汇在具有突出价值的自然美之中，形成了具有极高美学价值的、与中华民族精神和文化生活紧密联系的文化景观。庐山集教育名山、文化名山、宗教名山、政治名山于一身，是国家首批 5A 级旅游景区、首批世界地质公园、世界优秀生态旅游景区。

庐山上的牯岭镇海拔 1164 米，面积 46.6 平方千米，三面环山，一面临谷，是一个终年云雾缭绕的百年老镇，素有"云中山城"的美誉。2003 年，经上级有关部门批准，将原有的 8 个居委会整合为 5 个社区，即正街社区、日照社区、花径社区、橄榄社区、芦林社区；2006 年再次将 5 个社区整合为 3 个社区，将牯岭镇原属胜利村、朝阳村撤销，改设胜利社区居委会、朝阳社区居委会。牯岭现有常住人口 1.3 万人，流动人口（不包括游客）0.5 万人，是庐山的政治、经济、文化中心和旅游集散中心。山城特色的形成有其特殊性。晚清西方传教士开始对庐山进行商业化避暑地开发，各类配套设施陆续得到兴建，到庐山置业、避暑度假的人增多，山居人口持续攀升，牯岭逐渐发展成为一座"山城"。民国时期，国民政府高官频繁来庐山避暑办公，庐山成为民国"夏都"，庐山开发进入由本国军政力量主导的新时期，大批国民政府要员纷纷来庐山置业，极大地促进了牯岭避暑地的持续深入开发。庐山避暑度假和牯岭城市化发展在促进经济发展的同时，也对庐山山体、水资源、植被和野生动物栖息地等生态环境造成了一定程度的破坏。

随着庐山游客人数的逐年增加，在旅游高峰期，本身就有着近两万居民的牯岭镇已显得十分拥挤。与日俱增的汽车尾气、生活垃圾给庐山的生态环境带来了巨大的压力。出于保护生态环境、控制旅游环境容量、促进旅游可持续发展的考虑，庐山风景名胜区管理局于 2004 年通过的《庐山风景名胜区 2004～2020 年总体规划大纲》指出：庐山风景名胜区范围内禁止任何形式的破坏性开发，并逐步将山上与旅游无关的人员全部迁移至山下居住，以减少庐山上的非游客人群，使其与风景名胜区环境的承载量相适应，最大限度地减少对世界文化遗产环境的破坏，使庐山的自然生态资源得以永续利用。规划提出的下迁人员主要包括三类：饮用水源上游的居民、住在老别墅的居民和核心景区的居民。

下迁的居民将集中安置在庐山新城。庐山新城位于九江市濂溪区，总规划用地 1700 亩，北距九江城区约 3.5 千米，南距庐山约 4.1 千米。新城建设工程分两期进行，一期工程包括 2000 套住房、行政中心、就业基地和小学四个部分；2012 年 12 月，庐山新城内的庐山管理局行政服务中心正式启用，先期搬到山下办公的是庐山的党政机关和部分事业单位，共涉及 36 个单位近 500 名工作人员，而直接服务游客和居民的单位（如庐山公安局）则暂未下迁。2014 年 7 月，庐山新城一期工程的 1102 套住房已具备入住条件，庐山居民下迁工作正式启动。到目前为止，居民搬迁这种社区管理方式带来的经济社会文化效应仍未显现，需要进一步的理论探讨和实践检验，为未来的政策调整和社区管理提供依据和预案。

三、研究设计

地方依恋理论为城市、乡村和景区居民搬迁中的居民地方情感问题研究提供了一个实用的理论工具和分析框架。景区居民搬迁必须解决如居民安置、居民就业、搬迁补偿政策等一系列现实问题，还应包括居民故土难离的地方情感问题。本书将地方依恋理论运用于庐山居民搬迁问题研究，探讨居民地方情感因素对庐山居民搬迁意愿和行为的影响，从居民地方依恋的视角构建庐山社区管治模式，以期为庐山及未来国家公园的社区管理提供参考和借鉴。

（一）访谈调查

本书采用自由访谈法和半结构式访谈法获取研究所需的资料和信息。访谈调查的内容主要涉及居民的人口学特征、对旅游影响的感知、住房情况、对搬迁的态度、对居住地的感情等方面（访谈提纲见附录二）。考虑到信息的可靠性和代表性，本书选取庐山东谷（清廉谷、芦林饭店、芦林十八家、庐山林场、含鄱口、三叠泉）和西谷（花径、如琴湖、大林沟）中在搬迁范围内的居民点和居民活动较集中的地点展开访谈调查。调查小组于2012年7月2~4日赴庐山共访谈居民58人。为了了解庐山居民搬迁的后续动态，2015年5月8~10日，调查小组再赴庐山对居民搬迁情况做了跟踪和补充调查。

（二）样本概况

庐山东谷和西谷两个区域被调查的居民人数分别为34人（58.6%）和24人（41.4%），其中74%的被调查者出生于庐山本地，在牯岭镇居住超过20年的占86.2%。被访者的职业构成包括旅游业从业者（43%）、行政和企事业单位工作者（38%）、务农及其他职业者（19%），他们从事与旅游相关的工作，主要包括销售庐山特产和旅游纪念品、导游、其他旅游服务（餐饮业、住宿业、摄影、司机等）。具有这些特征的样本有助于客观、准确反映庐山居民的旅游影响感知、地方依恋和迁居意愿（见表5-1）。

表5-1　样本构成

基本情况	类别	比例（%）	基本情况	类别	比例（%）
调研居民点	东谷	58.6	家庭收入主要来源	主要来自旅游业	38.7
	西谷	41.4		部分来自旅游业	20.9
职业	个体旅游业经营	32.7		较少来自旅游业	3.6
	导游	10.3		不来自旅游业	36.8
	行政和企事业单位人员	38.0	居住时间	10年及以下	3.4
	务农	3.5		11~20年	10.4
	其他	15.5		21年及以上	86.2

第二节　庐山牯岭镇居民社区依恋的特征

地方依恋是人与特定地方之间深层次的情感关系，是一种特殊的人地关系现象。已有的研究表明，这种情感依恋需要人与地方之间长期的相互作用才得以逐步形成，来自于长期生活、居住于某地的积淀，因而其形成是一个自然内生的过程。由于是一种深层次的情感关系，地方依恋往往在特定情境下才会被激发和表露出来。庐山居民搬迁计划早在 2004 年就正式提出，之后经过了多年宣传、讨论、调研，这一过程充分激发了居民对庐山的地方依恋，并反映在具体的言行上。通过访谈得知，相当一部分居民不愿离开牯岭镇下迁到庐山新城居住，表现出对庐山的留恋之情，对庐山存在一定程度的地方依恋，而且这种地方依恋同样具有地方依赖与地方认同两个维度的结构特征。

一、地方依赖的特征

（一）对宜居环境的依赖

庐山地处江西省北部，全年平均气温 11.6℃，夏季平均气温只有 22.6℃左右，是我国著名的避暑胜地。牯岭镇空气清新，夏季凉爽，非常适合居住和避暑。庐山旅游中，避暑、疗养和度假是其最重要的功能和产品。当问到"牯岭这个地方最让您留恋的是什么"时，居民的普遍反应是如数家珍般地列举居住在牯岭的好处，从中可以看出被访者在居民搬迁政策背景下表现出对庐山牯岭的留恋之情。本书通过对所获信息的整理分析，发现居民对庐山的依恋主要包括山上宜居的自然环境和文化氛围等方面，其中宜居环境被提及的频次最高，夏天避暑成为庐山居民最为依赖的因素。

（二）对旅游经济的依赖

调研发现，对于庐山旅游发展所带来的经济上的积极影响，居民感知最强烈的首先是增加了经济收入，其次是提供了就业机会。牯岭镇居民大多从事与旅游相关的工作，如经营餐馆和家庭旅馆、销售庐山特产或旅游纪念品、给游客照相、当导游等。通过对庐山居民家庭收入来源的调查，发现与旅游相关的收入是居民家庭收入来源的重要组成部分，甚至是主要的家庭收入来源。庐山旅游业的发展为当地居民提供了大量的就业机会和工作岗位，从某种程度上说，旅游经济收入已成为庐山居民重要的基本生活保障。当问到"迁下山后，您最关注的问题或最大的顾虑是什么"的时候，住房和就业成为居民最关心的问题。居民住在山上几十年，早已适应了山上的谋生方式，迁下山后如何谋生，能否找到合适的工作，成为居民普遍顾虑的问题。需要通过重新习得某种技能才能胜任的工作，对于年纪偏大的居民来说本身是个不小的挑战。胡洋（2005）对庐山环山公路范围内居民的景区依赖度的调查显示，"依赖度强"和"依赖度较强"的分别占 6.9% 和 47.2%。由此可见，长期"靠山吃山"的庐山居民对旅游经济的依赖是很难轻易转换和替代的，这种经济依赖是庐山居民地方依赖的重要因素。

二、地方认同的特征

（一）对生活方式的认同

Breakwell（1992）认为，认同是一个对社会的适应（Accommodation）、融合（Assimilation）和评价（Evaluation）的过程。人们通过对特定地方的认同可以获得一种身份感、归属感甚至自豪感。每个地方都有其独特的生活方式，地方认同包括对当地生活方式的适应过程。人们对适应了的生活方式往往产生不愿改变的心理忠实（Psychological Commitment），即一种所谓的"阻抗改变"（Resistance to Change）的倾向（Crosby and Taylor，1983）。长期居住在庐山的居民已经在山上形成了较为稳固的社会关系和人际交往圈，包括同事圈、亲戚朋友圈和社区邻里圈等。尤其是朝夕相处、感情深厚的邻里关系更是生活中必不可少的。访谈中发现，在庐山上居住时间越久的居民对搬迁计划就越抵触。"熟人社会"的社区生活和山上悠闲、惬意的生活方式已经成为了一种习惯而得到居民的认同，中老年人普遍不愿意去尝试和适应新的生活方式。

（二）对旅游文化的认同

人们总是倾向于生活在自己能适应和掌控的社会文化环境中，熟悉的环境可以让人获得一种自我效能感，即对自己的环境适应能力的信任。在这种可管理的环境（Manageable Environment）中，人们易于做自己想做的事（Winkel，1981）。旅游文化已经融入庐山的地方文化，成为庐山社会人文环境的核心要素之一。对于"旅游发展对庐山的社会文化产生的影响"方面，居民普遍认为没有明显的消极影响，居民按自己的节奏生活，社会治安比以前更好，居民安全感和文明程度较之前更高，文化生活也更为丰富，民风仍然淳朴热情。当问及"您感觉当地居民与游客的关系相处得如何"时，有 82% 的被访者认为"很融洽，居民很好客"。这种主客和谐共处的旅游社会文化得到了居民的认同，熟悉的旅游人文环境有助于居民获得自我效能感。此外，旅游发展提高了庐山的知名度和影响力，访谈中庐山居民的言语神态流露出生活在这座文化底蕴深厚的世界文化名山的自豪感。

第三节　庐山牯岭镇居民搬迁的影响因素

根据胡洋（2005）针对庐山居民搬迁意愿所做的问卷调查，39.2%的居民支持搬迁，32.4%的居民反对搬迁，4%的居民视情况而定（样本量 N = 800），居民主要对下迁之后的生活表示担忧。在本书调研的 58 位被访居民中，有 30 位表示愿意搬迁，15 位表示不愿意搬迁，13 位表示无所谓，所占比例分别为 52%、26%和22%，这说明庐山居民的搬迁意愿存在三种倾向。部分居民持中立态度的原因主要在于：对于行政事业单位的工作人员来说，由于工作单位也会下迁，对其工作和生活不会造成太大影响；有的居民在山下已经买了房子或经济上没什么负担，是否搬迁对其影响不大。总结起来，居民的搬迁意愿同时受以下几个因素的影响：

一、现实问题的推力作用

首先是住房问题。希望通过搬迁解决住房的产权问题、改善住房条件是愿意搬迁的居民主要考虑的因素。当问到"是否存在突出的住房困难"时，67%的被访者认为存在，突出的问题居前三位的分别是年久失修居住条件差、居住空间拥挤狭小、没有房产权等方面。老房子漏水、潮湿、设施简陋、存在安全隐患等是居民反映最多的问题。许多家庭的居住面积不足 40 平方米，随着家庭人口的增加，不少家庭面临着人多住不下的难题。庐山上的民房没实行房改，大多是公租房，居民没有房产权，这也是许多居民关注的问题。所以，有50%的被访者希望通过下迁解决居民住房问题。但也有部分居民因为没有经济能力购买山下的新房而不愿搬迁。其次，庐山上的教育条件不理想、生活便利性较差、较高的生活成本等因素导致部分居民对庐山的地方依赖程度较低，成为居民迁居的推力因素。庐山新城的规划中指出：新城和周边有医院、学校、商场、综合性娱乐场所、派出所等配套机构和设施，功能设施不断完善，为居民的生活提供了极大的便利。搬迁到新城可以为孩子们提供更好的教育资源和环境条件，让他们接受更好的教育。

二、地方依恋的阻力作用

如前面所述，庐山居民对庐山上的宜居环境、旅游经济有着明显的依赖，也对庐山上的生活方式和旅游文化产生了认同。通过对居民的访谈，归纳起来，不愿意搬迁的原因主要包括"住习惯了，这里的自然环境好""热天避暑问题""就业和收入来源问题""搬迁影响正常生活""住了这么久，很留恋这里"等方面。这些方面分别对应于地方依赖和地方认同，可见，地方依恋是庐山居民搬迁的阻力因素。

地方依赖因素因为涉及居民生活工作中的现实问题、关系到居民的生计而倍受关注，访谈中居民对此类问题提及最多，依赖的强弱直接影响到搬迁阻力的大小，因而地方依赖是影响居民迁居的显性因素；而地方认同因素是居民深层次的环境心理和情感，居民内心强烈的乡土观念和浓浓的乡土情结只有在特定情境下才会被激发和表现出来，并影响居民的态度与行为，是影响迁居的隐性因素。当居民搬迁计划被提上议事日程时，山上居民突然要面临去留的选择，这时隐藏在内心的乡土情感才会成为显性因素，影响居民对搬迁计划的态度。

三、环保意识的中介作用

庐山居民搬迁的初衷之一就是减轻庐山因旅游发展带来的生态环境压力。对庐山旅游发展给生态环境带来的影响，居民的感知是导致了生态环境破坏和污染，主要包括"汽车尾气污染""因旅游开发建设砍伐树木""自然风景遭破坏""游客不注意环保""湖水变质发臭""空气质量下降""草坪植被遭破坏""文物破坏""垃圾增多"等方面，而且53%的被访者认为"主要是游客造成的，居民环保意识强"。

针对庐山日益突显的环境问题，一些居民表示愿意为保护庐山的生态环境而选择搬迁，此举主要是因为这些居民对庐山有着深厚的感情，这种感情转化为强烈的环保意识和责任感，从而影响其迁居态度和行为，表现出愿意为了庐山的美好未来而牺牲个人利益。这表明，在环保意识的中介作用下，地方依恋也会成为居民搬迁的推力因素。

第四节　基于社区依恋的庐山社区管治模式构建

地方依恋概念除了用于表达人与地方之间的情感关系，还被用作一种管理理念、管理手段和管理工具。地方依恋为管理者理解被管理者与当地资源环境或社区之间的关系提供了一个新的视角，并由此衍生出新的管理理念和管理方式。例如，在旅游地的管理中，通常仅将当地居民视为利益相关者，出于化解矛盾的需要让当地居民参与旅游地管理，本质上居民还是处于被管理者的角色和地位。然而基于地方依恋理论，旅游地对当地居民情感上和精神上的意义被管理者所认识和重视，由此形成居民家园的管理理念，将影响到居民在旅游地管理中的地位与参与方式。当地居民不再被视为矛盾的对立面而处于被管理者的角色和地位，而是作为管理者主动参与旅游地管理。

一、居民搬迁模式的利弊

大量的居民对旅游发展空间的占用，以及居民生活过多消耗风景区资源，对生态环境造成过大负荷，使居民与风景区之间的矛盾成为风景区管理的焦点问题之一。从某种程度上说，居民外迁是比较简单有效的景区容量解决途径，这一举措很大程度上基于一劳永逸的设想。但是居民外迁同样也存在一些弊端或隐患。这种"外科手术式"的解决途径强行割裂了居民与居住地之间的地方情感关系，忽视了社会形态、地方风情和生活方式的社会文化价值，直接造成了社会文化的震荡，需要较长的时间加以调适。当居民难于摆脱对旅游经济的路径依赖，难于在新居住地扎根，其利益诉求得不到满足时，将很容易在社区与景区间产生新的矛盾冲突。

传统的社区管理习惯于将居民置于矛盾的对立面，主要有两种模式：一是采取经济补偿、行政管制、法律约束等手段管理社区；二是在一定程度上尊重社区居民的态度和诉求，让居民参与旅游开发，通过保障居民的收益权来获得居民的支持，从而将矛盾控制在一定范围内。这两种模式均将社区居民作为被管理对象和局外人。传统的旅游社区管理忽视了居民地方依恋在社区管理中的作用。基于地方依恋视角构建的社区管治模式，将居民视为国家公园管理框架中的重要部分，通过社区赋权，让居民参与社区管理，有助于增强居民的地方依恋即家园感。居民家园感的增强又对居民的态度和行为产生积极的影响，从而实现社区共管与可持续发展。

二、社区管治模式的构建

（一）指导思想

2017 年，党的十九大提出要打造共建共治共享的社会治理格局。2019 年，党的十九届四中全会提出：坚持和完善共建共治共享的社会治理制度，必须加强和创新社会治理，完善党委领导、政府负责、民主协商、社会协同、公众参与、法治保障、科技支撑的社会治理体系，建设人人有责、人人尽责、人人享有的社会治理共同体；构建基层社会治理新格局，完善群众参与基层社会治理的制度化渠道；健全党组织领导的自治、法治、德治相结合的城乡基层治理体系，健全社区管理和服务机制，推行网格化管理和服务，发挥群团组织、社会组织作用，发挥行业协会商会自律功能，实现政府治理和社会调节、居民自治良性互动，夯实基层社会治理基础，实现多元社会主体合作共治。旅游地社区的治理是当前构建基层社会治理新格局、建设社会治理共同体的重要探索，社区管治模式的构建必须符合共建共治共享的社会治理制度建设这一目标要求。

（二）经验借鉴

鼓浪屿的社区管治经验具有一定的借鉴价值。针对传统治理模式失灵的旅游社区治理困境，鼓浪屿于 2016 年 4 月 27 日正式成立了协商共治的公共平台——鼓浪屿公共议事会（见图 5-1）。鼓浪屿公共议事会是一个多元主体共建共享的协商平台，成员主要包括以鼓浪屿管委会和街道办为首的政府组织，以鼓浪屿商家联盟、家庭旅馆商家协会为首的行业协会和由鼓浪屿户籍人口、非户籍人口中选出的居民代表两类主体。该机制主要通过制度的约定和成员的行为两个要素产生作用。在制度设计上，《鼓浪屿公共议事会章程》和《鼓浪屿公共议事会选举办法》经议事大会审议通过，规定议事会成员的权利和义务；在成员构成上，为了凸显程序性、淡化其实体性，并未将议事会定位为实体社会组织，仅为程序性机制，以便于最大程度地容纳岛上社会主体。同时，为了充分保障岛上居民的公民权利，补强居民相较于其他参会组织较难集中的短板，

《鼓浪屿公共议事会章程》规定："居民代表数所占的比例，不得低于公共议事会成员总数的 50%。"这就保证了居民能够合理运用规则否决那些不利于民生发展的议题，或者通过论辩改变议案的内容。鼓浪屿公共议事会不仅有效弥补了现行政府管理体制中以街道办为主的社区管理和以管委会为主的景区管理体系之间行政协调性不足的制度缺陷，而且从结构上联通了居民、市场（行业协会）和政府三方主体，是符合共建共享治理理念的程序性机制（王翔，2017）。

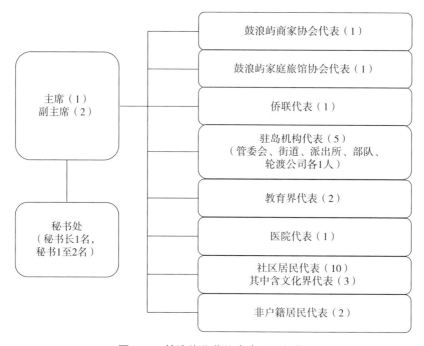

图 5-1　鼓浪屿公共议事会组织机构

资料来源：参考王翔所著《共建共享视野下旅游社区的协商治理研究——以鼓浪屿公共议事会为例》。

（三）模式构建

管治是相关利益主体互动协商、达成共识的过程与机制。社区管治意味着社区居民拥有实质性的参与权和话语权，与其他主体合作行使管理权。庐山社区管治首先应树立几个理念：一是居民家园理念。庐山居民长期在庐山上生活居住，已成为庐山经济结构、社会形态、价值观念、生活方式的主体或载体，庐山是他们的家园，他们对庐山的地方情感是社区管治的核心。二是发展共享理念。以庐山为家园的居民应该享有发展带来的福利，尤其是核心景区周边从事农林牧业的居民，从旅游业获益不多，还要承担为自然生态保护退耕还林和禁牧禁伐带来的损失，他们的生存权应得到保障，应共享经济发展成果。三是弹性动态管理理念。居民搬迁被看作是一劳永逸的做法，但实际上国家公园发展的宏微观环境和各方利益诉求是不断变化的，需要适时地进行协调，因而社区管理也不可能一劳永逸，建立弹性动态的管理机制是社区管治的客观需要。

社区管治需要有相应的机构与制度保障。国外的公园咨询委员会（Park Advisory Committee，PAC）是一种可借鉴的管治机制（黄向，2008），社区代表可与其他组织和利益主体共同组成公园咨询委员会，作为庐山风景名胜区管理局的下设机构，起到协调各方利益、提供决策咨询的职能，同时固化社区参与制度和特许经营制度。社区居民参与旅游发展是实现旅游与社区一体化发展的有效途径（卞显红等，2005）。社区参与制度保障居民对发展决策和相关事务的参与权和话语权，通过提高居民的社区归属感和社区增权，加强社区参与效能。在保障居民的经济权益方面，国外国家公园的特许经营制度有一定的借鉴意义（高燕等，2017）。庐山上的旅游商品、餐饮、住宿等经营项目，可在行业协会或合作社的指导下由居民进行特许经营。社区参与制度和特许经营制度分别从地方认同和地方依赖两个方面维系居民与庐山的地方情感，有利于居民支持和参与庐山发展，实现社区共管。基于以上构想，本书构建出了庐山的社区管治模式（见图5-2）。

关于居民搬迁问题，除了通过资源保护的法律手段、行政手段和货币补偿的经济手段来获得居民的配合与支持外，还应该在制订迁居方案和实施搬迁计划时，重视居民地方依恋这一情感因素对迁居意愿与行为的影响。基于居民地方依恋因素，庐山居民搬迁中可考虑如下政策措施：①制定有效的住房和就业扶持政策。对于非集中安置的社区居民，推行经济适用房、廉租房、困难户住房补贴等优惠的住房政策，制订就业扶持计划，做好新居民就业培训和职业中介服务工作，对自主创业者在相关方面给予政策支持。②在安置下迁居民的"庐山新城"社区环境营造过程中，提高居民的参与度，积极听取居民的意见来营造社区环境，社区和街道的取名应采用与庐山上原社区相同的名字，这样可以在一定程度上减少居民对新环境的陌生感。③尽量安排原来同一社区的下迁居民住在同一小区，建立社区居民活动中心或者举办各种社区活动，以便下迁居民维系和发展原有的人际关系，维护社区融洽和谐的邻里关系，增强居民对新社区的文化和心理认同。④制定人性化的惠民措施。例如，对下迁居民继续实行免庐山门票政策，实行居民每年轮流上山避暑政策，让居民感觉到庐山始终是他们的"家"，想"家"的时候可以常"回家"看看，以维系下迁居民与原居住地的情感关系。

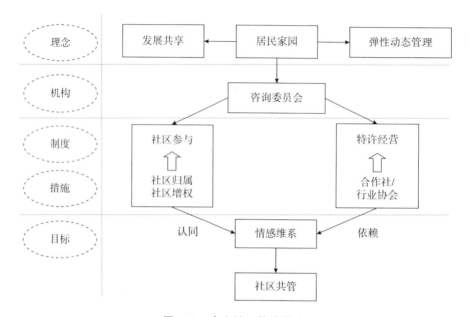

图 5-2　庐山社区管治模式

旅游虚拟社区成员社区依恋
——以驴友俱乐部为例

第一节　研究案例概况及研究设计

　　旅游虚拟社区不仅是旅游者之间信息交流和共享的平台，而且日益成为能够让旅游者产生文化认同感、心理归属感和情感依恋的精神家园。成员的社区情感对于旅游虚拟社区的成功运营至关重要。成员社区情感的影响因素和形成机制是国内外旅游虚拟社区研究的重要议题，涵盖了满意度、忠诚度、归属感等情感类型，但是较少涉及社区依恋、根植感等深层次的情感状态。本书借鉴地方依恋理论，探讨旅游虚拟社区成员情感依恋的形成机制，不仅在理论层面有助于深化对人与虚拟环境关系的认识，拓展虚拟空间的地理学人地关系研究领域，在实践层面也可以帮助旅游企业深入了解驴友这一小众市场，同时为旅游虚拟社区的运营管理和旅游企业的线上关系营销提供参考。

一、研究案例虚拟社区概况

　　根据 Armstrong 和 Hagel（1996）、周刚和裴蕾（2016）的研究，旅游虚拟社区可分为营利型旅游虚拟社区和非营利型旅游虚拟社区两大类。其中，交易型旅游虚拟社区属于营利型旅游虚拟社区，由一些旅游公司建立和运营，其主要目的是通过线上组团组织线下旅游营利。另外一种是在线旅游代理商（OTA）

组建的社区，典型的如马蜂窝、携程、去哪儿和穷游网等社区，其本质是一个电商和交流平台。非交易型旅游虚拟社区通常是由旅游爱好者为了交流的需要自发组建的，很少发生甚至不发生交易行为，如旅游类 QQ 群、微信群、博客、贴吧、论坛等。以 QQ 群、微信群为平台自发形成的各类驴友俱乐部（通常称为驴友群，本书将两者视为同义互用），是典型的非营利型旅游虚拟社区，如南京驴友大本营、上海户外兽人部落、武汉驴友之家、草驴部落等。

本书选取驴友俱乐部（驴友群）作为研究案例，基于线上线下相结合的视角，尝试探讨旅游虚拟社区成员情感依恋的形成机制，以揭示旅游虚拟社区成员社区情感的演化规律。驴友俱乐部通常由驴友们自主创建和管理，一般在现实生活中没有固定的活动场所，俱乐部成员主要通过网络论坛、QQ 群、微信群和微博等社交平台进行线上交流互动以及组织线下自助旅游活动（龙永红，2011）。本书以旅游虚拟社区成员规模大、信息发布及时有效、成员在线交流频繁以及组织线下旅游活动频率高为筛选原则，选取南昌燕子户外一家人、老马休闲爬山群、唐山丰南乐途户外、北京户外和唐山喜德盛俱乐部五个优质驴友俱乐部作为本书的研究案例。各案例驴友俱乐部的简介如表 6-1 所示。

表 6-1　案例驴友俱乐部简介

序号	俱乐部名称	创建时间	成员规模	线下旅游活动
1	南昌燕子户外一家人	2013 年 9 月	拥有成员 600 多名，其成员多在南昌市生活或工作	每个月都会组织线下旅游活动，活动多为省内游，如宜春明月山、萍乡武功山
2	老马休闲爬山群	2015 年 4 月	拥有成员 500 多名，约 48% 的成员在南昌市生活或工作	经常不定期地举行一系列户外旅游活动，活动线路多为中、短线，并且旅游活动主要为国内游
3	唐山丰南乐途户外	2014 年 5 月	拥有成员 300 多名，其成员多生活或工作在唐山市	经常在周末组织短线旅游活动，活动多集中于唐山市
4	北京户外	2005 年 8 月	拥有成员 1900 多名，约有 55% 的成员生活或工作在北京市，其他成员多分布在河北和天津等地	经常组织各种中长线旅游活动，活动类型多为国内和国际自助游
5	唐山喜德盛俱乐部	2010 年 5 月	拥有成员 700 多名，其中约 72% 的员工在唐山市生活或工作	主要采用骑行方式进行旅游观光活动，有短、中、长三种类型的线路选择，活动多限于河北省，尤其是唐山市

二、研究设计

本书通过对驴友俱乐部成员进行网络问卷调查以及参加驴友俱乐部组织的线下旅游活动对俱乐部成员展开参与式观察和深度访谈，探讨旅游虚拟社区感、线下旅游体验以及线上社区依恋之间的影响关系，以深入了解旅游虚拟社区成员线上社区依恋的形成机制，并在此基础上提出促进旅游虚拟社区运营管理和旅游企业线上关系营销的对策建议。

（一）模型的构建

1. 社区感对旅游体验的影响

Koh 和 Kim（2003）提出的虚拟社区感三维理论框架中，虚拟社区感由成员感、影响力和沉浸感三个维度构成，其中，成员感反映了社区成员对虚拟社区的归属感，影响力是指社区成员对社区的影响程度及被社区影响的程度，沉浸感描述了社区成员沉浸于虚拟社区相关活动的一种状态。旅游虚拟社区中，社区成员对虚拟社区同样存在成员感和沉浸感，但考虑到影响力反映成员对社区的影响程度以及被社区影响的程度，不能很好地反映成员的线上情感，本书不将其作为社区感的维度。旅游虚拟社区作为分享旅游资讯、寻找旅游同伴和组织自助游活动的虚拟场所，成员之间的信任对于社区各项职能的有效运行意义重大。已有研究显示，信任感在旅游虚拟社区中扮演着重要的角色，信任感能够显著正向影响旅游虚拟社区成员的黏性（El-Manstrly et al.，2020）、在社区的投入程度（Sanchez-Franco and Rondan-Cataluña，2010），以及线下关系构建意愿（Kunz and Seshadri，2015），是旅游虚拟社区成员线上情感的重要组成部分。同时，影响力的一个测量项"我认为该社区中的成员可以解决他人遇到的问题"实际也测量了旅游虚拟社区成员的信任感。因此，本书将信任感作为社区成员社区感的重要构成维度。本书将成员感、信任感与沉浸感分别作为独立的影响因素，探讨这三个因素对成员线下旅游体验的影响作用。相关研究指出，对于以团队方式旅游的游客而言，游客间的友情（Trauer and Ryan，2005；Bruner，1995）、互动交往（Foster，1986；Gronroos，2012；苗学玲、保继刚，2007）、团队归属感（Torres，2016）对游客的旅行活动和旅游体验有积极的影响。据此，本书提出如下假设：

H1：旅游虚拟社区成员的成员感对线下旅游体验具有显著的正向影响。

H2：旅游虚拟社区成员的信任感对线下旅游体验具有显著的正向影响。

H3：旅游虚拟社区成员的沉浸感对线下旅游体验具有显著的正向影响。

2. 旅游体验对社区依恋的影响

社区依恋有别于社区感，社区依恋是社区成员经过长时间的社区互动对社区产生的深层次的情感依恋，而社区感是个体成员与其他社区成员相似的类群感，是一种浅层次的情感联结状态，有时甚至不需要成员间的直接互动就可以生成（楼天阳，2008）。本书借鉴 Williams（1989，1992）的地方依恋二维理论框架，将旅游虚拟社区依恋划分为社区依赖和社区认同两个维度，社区依赖主要表现为社区成员对旅游虚拟社区基本功能的依赖，社区认同表现为社区成员对旅游虚拟社区的心理认同和情感归属。对于活动参与和地方依恋之间的关系，国内外案例研究指出，居民（Guest and Lee，1983；John et al.，1986；Rollero and Piccoli，2010）和游客（Kyle et al.，2002；Hwang et al.，2005）参与地方活动会对其地方依恋产生积极的影响。此外，王跃伟等（2016）研究发现，心流体验通过影响网络品牌态度忠诚和网络品牌成瘾，最终促进网络品牌行为忠诚。吴文秀等（2019）以携程 App 为例，探究了顾客融入行为对旅游移动平台忠诚度的影响，指出社交性融入行为既能直接正向影响平台忠诚度，又能通过满意度的中介作用间接正向影响平台忠诚度。据此，本书提出如下假设：

H4：旅游虚拟社区成员线下旅游体验对社区依赖具有显著的正向影响。

H5：旅游虚拟社区成员线下旅游体验对社区认同具有显著的正向影响。

3. 社区感对社区依恋的影响

社区感是一种浅层次的情感联结状态，而社区依恋则是一种较深层次的情感联结状态，两者之间存在一定的演化递进关系。赵欣等（2012）通过研究指出，使用者对虚拟社区形成的亲密感、归属感以及支持感促进了虚拟社区情感依恋的形成；Stedman（2006）通过比较季节性居民（Seasonal Resident）和常住居民（Year-round Resident）对当地环境的地方依恋，发现常住居民地方依恋的形成受到当地社交网络及其社区感的强烈影响。此外，Rollero 和 Piccoli（2010）通过研究发现，社会关系在地方依恋的形成中扮演了至关重要的角色。Yang 等（2016）探讨了旅游虚拟社区成员满意度的影响因素，发现娱乐、社会互动关系和互助能够对满意度产生积极影响。据此，本书提出如下假设：

H6：旅游虚拟社区成员的成员感对社区依赖具有显著的正向影响。

H7：旅游虚拟社区成员的信任感对社区依赖具有显著的正向影响。

H8：旅游虚拟社区成员的沉浸感对社区依赖具有显著的正向影响。

H9：旅游虚拟社区成员的成员感对社区认同具有显著的正向影响。

H10：旅游虚拟社区成员的信任感对社区认同具有显著的正向影响。

H11：旅游虚拟社区成员的沉浸感对社区认同具有显著的正向影响。

4. 社区依赖对社区认同的影响

地方依赖和地方认同之间存在一定的逻辑关系。Manzo（2003）指出，地方依赖具有基础性作用，人们率先根据自身需求选择相应的地方，然后再形成自我表达和发展自我概念。国内外学术界针对旅游者的地方依赖和地方认同两者间的关系展开了大量的实证探索，研究发现，由于地方依赖而重复访问一个地方可能产生地方认同（Moore and Graefe，1994；余意峰等，2017）。此外，唐文跃等（2008）以皖南的西递、宏村和南屏三个古村落为例，发现古村落居民的地方依赖对地方认同有显著的正向影响。据此，本书提出如下假设：

H12：旅游虚拟社区成员的社区依赖对社区认同具有显著的正向影响。

以上假设关系如图6-1所示。

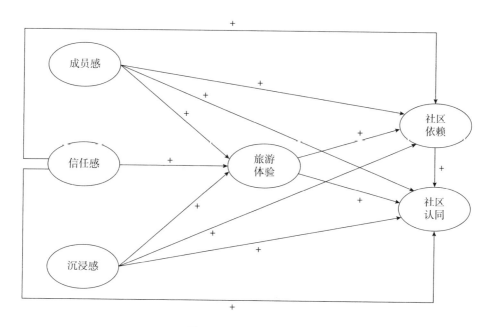

图6-1　假设关系模型

(二)问卷设计与调查

调查研究人员先后申请加入驴友群的 QQ 群和微信群,积极参与驴友群的线上交流互动,并于 2018 年 1~10 月先后三次参加驴友群组织的线下旅游活动,对驴友群成员进行参与式观察,同时对部分同行驴友进行了深度访谈,访谈结果具体如表 6-2 所示。深度访谈完全是开放式的,访谈内容包括社区成员对驴友群的归属感、沉浸感,对其他成员的信任程度,参加驴友群组织的线下旅游活动获得的旅游体验以及对驴友群的功能性和情感性依恋程度等,为后期调查问卷的设计打下了良好基础。

表 6-2　参加驴友群线下旅游活动概况

驴友群名称	活动地点、时间	活动路线
南昌燕子户外一家人	江西省南昌市梅岭风景区,2018 年 1 月 13 日	"湾里—老四坡—雷公坛—铁壁—702—上宝村—湾里",全程约 17 千米,活动时间约 7 小时
南昌燕子户外一家人	江西省南昌市新建区安峰尖,2018 年 9 月 2 日	徒步登安峰尖,全程活动时间约 3.5 小时
老马休闲爬山群	江西省宜春市明月山景区,2018 年 10 月 7 日	徒步登明月山,活动时间约 6 小时

本书参考 McMillan 和 Chavis(1986)、Koh 和 Kim(2003)、张灏(2010)的虚拟社区感测量量表,并结合旅游虚拟社区的实际情况对测量量表加以改进,设计了测量成员感、信任感和沉浸感的各 4 个题项。借鉴 Kim 等(2012,2014)和 Chunchu 等(2016)的旅游体验量表,本书设计了测量旅游虚拟社区成员线下旅游体验的 7 个题项。社区依恋的测量采用郝文丽(2017)的量表,社区依赖和社区认同各 5 个题项。所有测量题项均采用 7 分制 Likert 量表(1 表示"非常不同意"~7 表示"非常同意")。此外,问卷还包括驴友人口统计学特征、驴友参与线上活动情况、驴友群组织线下旅游活动情况等方面的调查内容(见表 6-3)。问卷调查采用精准投放的网络调查方式,于 2018 年 8 月 7 日至 9 月 10 日利用问卷星平台将调查问卷的链接分别发送到表 6-1 中的 5 个驴友群中,通过奖励红包的方式鼓励群成员在线填写问卷,共回收问卷 280 份。剔除未参加过驴友群组织的线下旅游活动的问卷 26 份,以及填写问卷费时较少且

所有题项答案完全一致的问卷 32 份，共得到有效问卷 222 份，有效率 79.3%。各驴友群回收有效问卷情况如表 6-4 所示。

表 6-3　潜变量的测量题项

潜变量	测量题项	来源
成员感	M1 我很愿意融入该驴友群	参考 McMillant 和 Chavis（1986）、Koh 和 Kim（2003）、张灏（2010）的量表，并根据实际情况进行改进
	M2 我觉得自己是该驴友群的一员（有归属感）	
	M3 我与群里其他成员之间可以找到共同点	
	M4 我有义务遵守和维护该驴友群的群规	
信任感	T1 旅行经验丰富的成员能够解答大家的旅行问题	
	T2 该驴友群具有组织线下旅游活动的能力	
	T3 该驴友群成员之间愿意互相帮助	
	T4 该驴友群的意见领袖（如群主、管理员、热心成员等）很乐意为大家服务	
沉浸感	I1 我在该驴友群投入了很多时间和精力	
	I2 我会经常关注该驴友群的动态	
	I3 我会因为与群成员聊天而影响了其他活动安排	
	I4 我经常积极回应群里其他成员的话题	
社区依赖	CD1 该驴友群组织的旅游活动能够满足我的旅游需求	郝文丽（2017）
	CD2 在该驴友群中我能找到跟自己志趣相投的人一起交流	
	CD3 该驴友群为我提供了分享和交流旅游经验的平台	
	CD4 加入该驴友群有助于我释放现实生活中的压力	
	CD5 加入该驴友群使我的生活比以前更加丰富和快乐	
社区认同	CI1 与群成员在线交流已成为我日常生活的一部分	
	CI2 与群成员建立的这种关系对我很有意义	
	CI3 我觉得我们这个驴友群是一个大家庭	
	CI4 我认为我加入这个驴友群的决定是正确的	
	CI5 我会向喜欢旅游的朋友推荐加入这个群	

续表

潜变量	测量题项	来源
旅游体验	TE1 与该驴友群里的成员一起出来旅游令人开心和兴奋	参考 Kim 等（2012、2014）、Chunchu 等（2016）的量表，并根据实际情况进行改进
	TE2 参加该群组织的旅游活动可使我从生活琐事和工作压力中解脱出来	
	TE3 该群组织的旅游活动总是让我沉浸其中，全身心地享受旅游的乐趣	
	TE4 和该驴友群成员一起游玩的时候，感觉时间过得很快	
	TE5 和群里的驴友一起去旅游，感觉这种旅游方式很新鲜	
	TE6 和驴友们一起旅游我感觉自己表现得很率性和自然	
	TE7 和驴友们一起旅游我没有被其他成员隔离的感觉	

表 6-4　问卷来源统计

驴友群名称	数量（份）	占比（%）
南昌燕子户外一家人	32	13.5
老马休闲爬山群	61	29.3
唐山丰南乐途户外	49	23.9
北京户外	43	19.0
唐山喜德盛俱乐部	37	14.3

（三）样本描述统计

所获样本中，加入驴友群时间超过半年的被访者共 181 人，占比高达 81.5%。男性被访者占 46.8%，女性被访者占 53.2%。大部分被访者年龄在 31 岁以上，其中年龄在 31～45 岁的被访者占 36.5%，46 岁及以上的被访者占 49.0%。58.6% 的被访者拥有较高的文化水平，其中大学学历占 53.6%，硕士及以上学历占 5.0%。大多数被访者处于中上等收入水平，其中平均月收入处于 2001～5000 元的被访者占 50.5%，处于 5001～8000 元的被访者占 22.1%，处于 8001 元及以上的被访者占 12.5%。调查样本较客观地反映了驴友群人员构成的实际状况，调查样本质量较好（见表 6-5）。

表6-5　样本情况

基本情况	类别	比例（%）	基本情况	类别	比例（%）
性别	男	46.8	文化程度	初中及以下	15.3
	女	53.2		中专或高中	26.1
加入驴友群时长	6个月以下	18.5		大专	26.6
	6~12个月	15.3		本科	27.0
	1~3年	36.5		硕士及以上	5.0
	3年以上	29.7	职业	在校生	2.7
年龄	22岁及以下	0.5		政府及事业单位职员	18.0
	23~30岁	14.0		个体经营者	9.9
	31~45岁	36.5		企业单位职员	18.0
	46岁及以上	49.0		专业技术人员	8.6
平均月收入	2000元及以下	14.9		工人	3.2
	2001~5000元	50.5		农民	0.9
	5001~8000元	22.1		离退休人员	23.4
	8001元及以上	12.5		其他	15.3

（四）深度访谈

深度访谈完全是开放式的，访谈内容包括社区成员对驴友群的社区感、参加驴友群组织的线下旅游活动的旅游体验以及对驴友群的社区依恋等。两名访谈人员均已较早加入驴友群，并且具有多次参加驴友群组织的线下旅游活动的经历，为开展深入的访谈做好了准备。访谈者共对10名同行驴友进行了面对面的访谈，访谈时间从20分钟到40分钟不等。访谈者在征得被访者的同意后对整个访谈过程进行了录音，访谈结束后将录音整理成文字材料。被访者中，男性5人，女性5人，年龄主要分布在40~55岁（见表6-6）。

表6-6　被访者基本信息

编号	性别	年龄范围	驴友等级	所属驴友群
NO.1	女F	50~55岁	驴尾巴	南昌燕子户外一家人
NO.2	男M	50岁左右	驴皮	南昌燕子户外一家人
NO.3	男M	55~60岁	驴腿	南昌燕子户外一家人

编号	性别	年龄范围	驴友等级	所属驴友群
NO. 4	女 F	40~45 岁	驴头	南昌燕子户外一家人
NO. 5	女 F	40~45 岁	驴腿	南昌燕子户外一家人
NO. 6	男 M	40~45 岁	驴腿	南昌燕子户外一家人
NO. 7	男 M	50~55 岁	驴皮	老马休闲爬山群
NO. 8	女 F	35~40 岁	驴皮	老马休闲爬山群
NO. 9	女 F	40~45 岁	驴皮	老马休闲爬山群
NO. 10	男 M	40~45 岁	驴腿	老马休闲爬山群

第二节　驴友俱乐部成员社区依恋的特征

一、问卷信度与效度分析

为了检验问卷所有变量的题项在所属潜变量中是否具有可靠性和稳定性，本书采用 SPSS 22.0 软件中的 Cronbach's α 系数分析测量量表的信度。结果显示，成员感、信任感、沉浸感、旅游体验、社区依赖与社区认同各潜变量的 Cronbach's α 系数分别为 0.801、0.856、0.677、0.943、0.904 和 0.903，均接近或者大于 0.700 的标准，调查问卷总量表的 Cronbach's α 系数为 0.957，表明测量量表具有较高的内部一致性（见表6-7）。

表6-7　量表的内部一致性检验

维度	Cronbach's α 值	测量题项
成员感（M）	0.801	M1 我很愿意融入该驴友群
		M2 我觉得自己是该驴友群的一员（有归属感）
		M3 我与群里其他成员之间可以找到共同点
		M4 我有义务遵守和维护该驴友群的群规

续表

维度	Cronbach's α 值	测量题项
信任感（T）	0.856	T1 旅行经验丰富的成员能够解答大家的旅行问题
		T2 该驴友群具有组织线下旅游活动的能力
		T3 该驴友群成员之间愿意互相帮助
		T4 该驴友群的意见领袖（如群主、管理员、热心成员等）很乐意为大家服务
沉浸感（I）	0.677	I1 我在该驴友群投入了很多时间和精力
		I2 我会经常关注该驴友群的动态
		I3 我会因为与群成员聊天而影响了其他活动安排
		I4 我经常积极回应群里其他成员的话题
旅游体验（TE）	0.943	TE1 与该驴友群里的成员一起出来旅游令人开心和兴奋
		TE2 参加该群组织的旅游活动可使我从生活琐事和工作压力中解脱出来
		TE3 该群组织的旅游活动总是让我沉浸其中，全身心地享受旅游的乐趣
		TE4 和该驴友群成员一起游玩的时候，感觉时间过得很快
		TE5 和群里的驴友一起去旅游，感觉这种旅游方式很新鲜
		TE6 和驴友们一起旅游我感觉自己表现得很率性和自然
		TE7 和驴友们一起旅游我没有被其他成员隔离的感觉
社区依赖（CD）	0.904	CD1 该驴友群组织的旅游活动能够满足我的旅游需求
		CD2 在该驴友群中我能找到跟自己志趣相投的人一起交流
		CD3 该驴友群为我提供了分享和交流旅游经验的平台
		CD4 加入该驴友群有助于我释放现实生活中的压力
		CD5 加入该驴友群使我的生活比以前更加丰富和快乐
社区认同（CI）	0.903	CI1 与群成员在线交流已成为我日常生活的一部分
		CI2 与群成员建立的这种关系对我很有意义
		CI3 我觉得我们这个驴友群是一个大家庭
		CI4 我认为我加入这个驴友群的决定是正确的
		CI5 我会向喜欢旅游的朋友推荐加入这个群
总量表	0.957	

效度检验的目的在于考察量表中所有测量项的有效性（刘利等，2018），

通常测量结果和要考察的内容越吻合，则效度越高。本书采用 KMO 和 Bartlett 球形度对各潜变量的效度进行检验，结果显示，所有潜变量量表的 KMO 值均大于或接近 0.7，Bartlett 球形检验的显著性水平均为 $p < 0.01$，说明量表的结构效度良好（见表6-8）。

表6-8　变量的效度检验

		成员感	信任感	沉浸感	旅游体验	社区依赖	社区认同
Kaiser−Meyer−Olkin 度量		0.743	0.791	0.698	0.932	0.846	0.846
Bartlett 球形检验值	近似卡方	299.258	436.822	161.727	1320.016	743.360	788.029
	Df	6	6	6	21	10	10
	Sig.	0.000	0.000	0.000	0.000	0.000	0.000

二、社区感特征分析

(一) 社区感的总体特征

通常认为，7 分制的 Likert 量表得分均值在 1.0~3.4 表示不重要或不同意，3.5~4.4 表示中立，4.5~7.0 表示重要或同意。由表6-9可知，驴友具有较高的成员感（M＝6.19）和信任感（M＝6.31），相比之下，驴友的沉浸感（M＝4.93）较低，尤其表现在 "I3 我会因为与群成员聊天而影响了其他活动安排"（M＝3.54）方面。除 I3 外，其他题项得分均高于 4.5。社区感量表的总均值为 5.81，表明旅游虚拟社区成员拥有较高的社区感。

表6-9　成员社区感均值 （N＝222）

旅游虚拟社区成员社区感	均值	标准差
社区感	5.81	0.597
成员感维度	6.19	0.721
M1 我很愿意融入该驴友群	6.27	0.994
M2 我觉得自己是该驴友群的一员 （有归属感）	6.10	0.956
M3 我与群其他成员之间可以找到共同点	5.87	0.933

旅游虚拟社区成员社区感	均值	标准差
M4 我有义务遵守和维护该驴友群的群规	6.50	0.741
信任感维度	6.31	0.615
T1 旅行经验丰富的成员能够解答大家的旅行问题	6.17	0.821
T2 该驴友群具有组织线下旅游活动的能力	6.29	0.717
T3 该驴友群成员之间愿意互相帮助	6.37	0.692
T4 该驴友群的意见领袖（如群主、管理员、热心成员等）很乐意为大家服务	6.40	0.703
沉浸感维度	4.93	0.916
I1 我在该驴友群投入了很多时间和精力	4.95	1.402
I2 我会经常关注该驴友群的动态	6.09	0.923
I3 我会因为与群成员聊天而影响了其他活动安排	3.54	1.518
I4 我经常积极回应群里其他成员的话题	5.14	1.217

如表 6-10 所示，从各题项来看，沉浸感维度中的"I2 我会经常关注该驴友群的动态"的支持率（包括比较同意、同意和非常同意）最高，为 95.0%，其次为"I4 我经常积极回应群里其他成员的话题"和"I1 我在该驴友群投入了很多时间和精力"，两者的支持率分别为 68.0% 和 60.7%，"I3 我会因为与群成员聊天而影响了其他活动安排"的支持率最低，仅为 19.9%。这些数据表明，旅游虚拟社区成员在虚拟社区中的行为表现较为理性，虽然投入了很多时间和精力，但是大多数成员不会为此而影响自己的日常生活和工作。成员感维度中的 M1、M2、M3 和 M4 四个题项的支持率分别为 94.1%、91.8%、89.6% 和 97.3%，说明旅游虚拟社区成员对虚拟社区具有很强的归属感。信任感维度中的 T1、T2、T3 和 T4 的支持率分别为 94.1%、97.7%、98.2% 和 97.7%，这表明旅游虚拟社区成员彼此之间信任度高，同时又乐于相互帮助。

信任感在决定社区成员参加驴友群组织的线下旅游活动的意愿中发挥了重要作用。"自己选择跟的驴友群里必须得有几个自己熟悉的人，如果没有熟人我是不会出来的。自己最初是被相处了一二十年的老铁拉进'燕子户外'群的，群里没有熟人的话我不会加进来的，因为担心遇到坏人。"（NO.5-F）在访谈中，"信任"是被提及最多的一个词。"加了好几个群，跟这个群的一些成员是比较熟悉的，大家一起出来爬山什么的安全都会有个保障。这几个群经常会发一些爬山活动通知，我们会根据自己的时间和群里发布的爬山信息是否有冲突，

表 6-10　成员社区感频率统计　　　　　　　单位:%

社区感维度	非常不同意	不同意	不太同意	中立	比较同意	同意	非常同意
成员感							
M1 我很愿意融入该驴友群	0.9	0.0	0.0	5.0	10.8	30.6	52.7
M2 我觉得自己是该驴友群的一员（有归属感）	0.0	0.0	0.5	7.7	15.3	34.7	41.8
M3 我与群里其他成员之间可以找到共同点	0.0	0.0	1.4	9.0	15.3	49.5	24.8
M4 我有义务遵守和维护该驴友群的群规	0.0	0.0	0.0	2.7	6.8	28.4	62.1
信任感							
T1 旅行经验丰富的成员能够解答大家的旅行问题	0.0	0.0	0.0	5.9	9.0	47.7	37.4
T2 该驴友群具有组织线下旅游活动的能力	0.0	0.0	0.0	2.3	8.6	47.3	41.8
T3 该驴友群成员之间愿意互相帮助	0.0	0.0	0.0	1.8	6.8	43.7	47.7
T4 该驴友群的意见领袖（如群主、管理员、热心成员等）很乐意为大家服务	0.0	0.0	0.0	2.3	5.9	41.4	50.4
沉浸感							
I1 我在该驴友群投入了很多时间和精力	0.5	5.9	7.2	25.7	19.8	27.5	13.4
I2 我会经常关注该驴友群的动态	0.0	0.5	1.8	2.7	14.9	43.7	36.4
I3 我会因为与群成员聊天而影响了其他活动安排	2.7	26.1	26.1	25.2	5.9	7.2	6.8
I4 我经常积极回应群里其他成员的话题	0.0	1.8	7.2	23.0	23.0	32.9	12.1

选择与哪个群的成员一起外出游玩。"（NO.1-F）信任感一方面可以降低社区成员对同行驴友人品的担忧，另一方面也使社区成员在外出旅游过程中面临突发状况时能及时得到帮助。

社区成员在旅游虚拟社区中具有一定的归属感，但沉浸感相对较弱。"我感觉我是社区的一员，我和其他驴友没事的时候会经常在群里聊聊天，也会相约一起出来旅游，但当我们有事的时候，不会一直在群里聊天，我们还没有这么不理智。"（NO.8-F）

（二）社区感的差异特征

方差分析（Analysis of Variance）可用于检验两个或两个以上样本均数之间差别的显著性程度。本书将性别、年龄、文化程度、职业、平均月收入、加入驴友群时长、每周浏览驴友群的次数、平均每天在驴友群花费的时间、驴友群组织线下旅游活动的频率以及参加线下旅游活动的频率作为控制变量，将社区感、成员感、信任感和沉浸感的均值作为观察变量进行单因素方差分析，以探讨旅游虚拟社区成员社区感、成员感、信任感和沉浸感在不同因素影响下的差异性特征（见表6-11、表6-12）。为了避免某些变量的样本量太少对分析结果造成影响，故将年龄段中的"22岁及以下"和"23~30岁"两组样本合并为"30岁及以下"，同时分析职业差异时将职业中的"在校学生""农民""工人"和"其他"四组样本删除。

表6-11　不同组别的成员社区感均值

变量	类别	N	社区感均值	成员感均值	信任感均值	沉浸感均值
性别	男	104	5.83	6.20	6.30	5.00
	女	118	5.80	6.19	6.32	4.89
年龄	30岁及以下	32	5.75	6.23	6.31	4.70
	31~45岁	81	5.85	6.20	6.37	4.98
	46岁及以上	109	5.81	6.18	6.27	4.97
文化程度	初中及以下	34	5.92	6.32	6.38	5.07
	中专或高中	58	5.77	6.14	6.24	4.94
	大专	59	5.86	6.22	6.39	4.97
	本科	60	5.78	6.19	6.26	4.89
	硕士及以上	11	5.65	5.98	6.34	4.64
职业	政府及事业单位职员	40	5.91	6.31	6.37	5.04
	个体经营者	22	5.65	5.97	6.11	4.86
	企业单位职员	40	5.78	6.16	6.28	4.89
	专业技术人员	19	6.04	6.39	6.67	5.07
	离退休人员	52	5.79	6.18	6.27	4.91
平均月收入	2000元及以下	33	5.75	6.14	6.26	4.84
	2001~5000元	112	5.89	6.25	6.36	5.05
	5001~8000元	49	5.69	6.13	6.20	4.72
	8001元及以上	28	5.83	6.12	6.38	4.99
加入驴友群时长	6个月以下	41	5.57	5.94	6.14	4.63
	6~12个月	34	5.92	6.29	6.38	5.09

续表

变量	类别	N	社区感均值	成员感均值	信任感均值	沉浸感均值
加入驴友群时长	1~3 年	81	5.87	6.23	6.38	5.00
	3 年以上	66	5.85	6.25	6.31	4.98
每周浏览驴友群的次数	1 次及以下	18	5.50	5.92	6.25	4.35
	2~3 次	32	5.63	5.97	6.15	4.77
	4~6 次	39	5.78	6.19	6.29	4.87
	7 次及以上	133	5.91	6.29	6.37	5.08
平均每天在驴友群花费的时间	不足半小时	62	5.56	5.90	6.12	4.66
	0.5~1 小时	81	5.87	6.27	6.36	4.98
	1~3 小时	55	5.96	6.40	6.44	5.04
	3 小时以上	24	6.97	6.25	6.38	5.28
驴友群组织线下旅游活动的频率	每月少于 1 次	71	5.61	5.93	6.08	4.82
	每月 1~3 次	61	5.91	6.33	6.42	4.97
	每月 4 次及以上	90	5.92	6.31	6.43	5.01
参加线下旅游活动的频率	每年 1~3 次	105	5.71	6.03	6.25	4.85
	每年 4~6 次	37	5.75	6.07	6.32	4.84
	每年 7~9 次	20	5.88	6.43	6.28	4.93
	每年 10 次及以上	60	6.02	6.47	6.44	5.16

表 6-12　单因素方差分析

变量	N	df	社区感		成员感		信任感		沉浸感	
			F 值	P 值	F 值	P 值	F 值	P 值	F 值	P 值
性别	222	1	0.181	0.671	0.025	0.873	0.082	0.776	0.812	0.369
年龄	222	2	0.361	0.698	0.051	0.951	0.609	0.545	1.274	0.282
文化程度	222	4	0.684	0.604	0.623	0.647	0.637	0.636	0.524	0.718
职业	173	4	1.479	0.211	1.211	0.308	2.343	0.057	0.285	0.887
平均月收入	222	3	1.526	0.209	0.542	0.654	0.928	0.428	1.708	0.166
加入驴友群时长	222	3	3.047	0.030*	2.189	0.090	1.523	0.209	2.039	0.109
每周浏览驴友群的次数	222	3	4.072	0.008**	2.719	0.045*	1.210	0.307	4.266	0.006**
平均每天在驴友群花费的时间	222	3	6.081	0.001**	5.543	0.001**	3.212	0.024*	3.473	0.017*

变量	N	df	社区感		成员感		信任感		沉浸感	
			F 值	P 值	F 值	P 值	F 值	P 值	F 值	P 值
驴友群组织线下旅游活动的频率	222	2	6.739	0.001**	7.453	0.001**	8.158	0.000**	0.990	0.373
参加线下旅游活动的频率	222	3	3.932	0.009**	6.133	0.001**	1.245	0.294	1.659	0.177

注：*表示在 0.05 的显著水平下差异显著；**表示在 0.01 的显著水平下差异显著。

根据单因素方差分析的结果，可以看出：

（1）加入驴友群时长不同的社区成员之间的社区感存在显著性差异。从表 6-11 可知，加入驴友群时长为 6~12 个月的成员社区感均值最高，为 5.92，其次为加入驴友群时长为 1~3 年和 3 年以上的成员社区感，均值分别为 5.87 和 5.85。加入驴友群 6 个月以下的成员社区感均值最低，为 5.57。在参加驴友群组织的线下旅游活动时，通过参与观察和对驴友的深度访谈发现，加入驴友群时长为 6~12 个月的成员是驴友群线上互动交流的主要参与者，同时也是线下旅游活动的积极参加者，因而成员的社区感最强。相比来看，加入驴友群时长为 1~3 年和 3 年以上的成员，由于几乎参与过驴友群组织的所有类型的线下旅游活动，与驴友们很熟，驴友群成员间的线上交流互动与线下旅游活动对这类驴友的吸引力下降，导致其社区感相对不高；而加入驴友群少于 6 个月的成员参与驴友群线上互动不多以及参加线下旅游活动次数有限，故而社区感均值最低。

（2）每周浏览驴友群次数不同的社区成员的社区感、成员感和沉浸感有显著性差异。从整体上看，社区成员的社区感、成员感和沉浸感的均值随着每周浏览驴友群次数的增加而增大，这说明社区成员对驴友群越关注则越容易生成社区感、成员感和沉浸感。

（3）平均每天在驴友群花费时间不同的社区成员的社区感、成员感、信任感和沉浸感具有显著性差异。随着社区成员平均每天在驴友群花费时间的增多，成员的社区感以及成员感、信任感和沉浸感三个维度的均值也相应增加，这说明社区成员参与驴友群线上互动交流的涉入程度是影响其社区感大小的重要因素。

（4）所在驴友群组织线下旅游活动频率不同的社区成员的社区感、成员感和信任感存在显著性差异。结果显示，社区成员所在驴友群组织线下旅游活动越频繁，社区成员的社区感、成员感和信任感水平也越高，这说明驴友群的线下活动是影响社区感、成员感与信任感的重要因素。

（5）参加驴友群组织的线下旅游活动频率不同的成员的社区感和成员感具有显著性差异。随着社区成员参加驴友群的线下旅游活动频率的增加，成员的社区感和成员感也相应增强，这说明社区成员参加线下旅游活动的积极性是影响社区感和成员感的重要因素。

（6）不同性别、年龄、文化程度、职业和平均月收入的社区成员的社区感、成员感、信任感和沉浸感均没有显著性差异，因而这五个因素对旅游虚拟社区成员的社区感影响不大。社区成员以平等的身份参与驴友群线上互动交流以及驴友群组织的线下旅游活动，使成员的社区感不会受到所从事的职业、受教育状况以及月收入等因素的影响。

三、线下旅游体验特征分析

（一）线下旅游体验的总体特征

成员参加驴友群组织的线下旅游活动获得了较好的旅游体验（M = 5.95），尤其在"TE1 与该驴友群里的成员一起出来旅游令人开心和兴奋"（M = 6.00）和"TE4 和该驴友群成员一起游玩的时候，感觉时间过得很快"（M = 6.05）两个方面表现尤为突出，其他五个题项 TE2、TE3、TE5、TE6 和 TE7 的均值分别为 5.85、5.87、5.86、5.93 和 5.91，均大于 4.5（见表6-13）。

表6-13　成员线下旅游体验均值（N = 222）

潜变量和观察变量	均值	标准差
旅游体验	5.95	0.861
TE1 与该驴友群里的成员一起出来旅游令人开心和兴奋	6.00	0.856
TE2 参加该群组织的旅游活动可使我从生活琐事和工作压力中解脱出来	5.85	0.993
TE3 该群组织的旅游活动总是让我沉浸其中，全身心地享受旅游的乐趣	5.87	0.928
TE4 和该驴友群成员一起游玩的时候，感觉时间过得很快	6.05	0.933
TE5 和群里的驴友一起去旅游，感觉这种旅游方式很新鲜	5.86	0.981

续表

潜变量和观察变量	均值	标准差
TE6 和驴友们一起旅游我感觉自己表现得很率性和自然	5.93	0.939
TE7 和驴友们一起旅游我没有被其他成员隔离的感觉	5.91	0.966

在旅游体验各题项中，最高的三个为TE4、TE1、TE3，"TE4 和该驴友群成员一起游玩的时候，感觉时间过得很快""TE1 与该驴友群里的成员一起出来旅游令人开心和兴奋""TE6 和驴友们一起旅游我感觉自己表现得很率性和自然"的支持率分别为93.2%、92.7%和90.9%，其他四个题项TE2、TE5、TE3和TE7的支持率分别为91.0%、90.0%、92.7%和91.9%，均达到了较高的支持率水平，这说明大多数成员在参加驴友群组织的线下旅游活动中获得了较好的旅游体验（见表6-14）。

表6-14　成员线下旅游体验频率统计

旅游体验题项	非常不同意	不同意	不太同意	中立	比较同意	同意	非常同意
TE1 与该驴友群里的成员一起出来旅游令人开心和兴奋	0.0	0.0	0.5	6.8	13.1	50.9	28.7
TE2 参加该群组织的旅游活动可使我从生活琐事和工作压力中解脱出来	0.0	0.9	0.9	7.2	19.8	44.1	27.1
TE3 该群组织的旅游活动总是让我沉浸其中，全身心地享受旅游的乐趣	0.0	0.9	0.5	5.9	20.3	47.3	25.1
TE4 和该驴友群成员一起游玩的时候，感觉时间过得很快	0.0	0.9	0.5	5.4	12.6	46.4	34.2
TE5 和群里的驴友一起去旅游，感觉这种旅游方式很新鲜	0.0	0.0	1.8	7.7	17.1	46.8	26.1
TE6 和驴友们一起旅游我感觉自己表现得很率性和自然	0.5	0.0	0.5	8.1	13.5	50.9	26.5
TE7 和驴友们一起旅游我没有被其他成员隔离的感觉	0.0	0.9	1.8	5.4	15.3	50.0	26.6

社区成员在参加驴友群组织的线下旅游活动时，彼此之间可以通过相互交流以排解旅途中的孤独，从而获得较好的旅游体验。"感觉和大家一起出来玩要很开心，如果自己一个人出来的话会感觉很没意思，很孤独。"（NO.5-F）"主要是一个人出来没意思，和驴友一起出来可以聊聊天嘛，一个人比较孤单"（NO.7-M）。

社区成员在结伴出游过程中能够获得较好的线下旅游体验，是驴友群坚持组织线下旅游活动的动力来源。"组织大家外出游玩很花费精力，包括设计路线、保护大家安全以及防止驴友中途掉队等，不像其他成员，想出来玩了随时可以出来，出来之后只要照顾好自己就行，不用操心别人。所以我现在想把自己的管理员身份转让出去，很遗憾没人接。组织一场外出游玩活动的确很费时间和精力，不过大家彼此在一起登山游玩很开心，自己的幸福感很高，这是自己坚持组织旅游活动的根本动力"（NO.4-F）。

（二）线下旅游体验的差异特征

本书将性别、年龄、文化程度、职业、平均月收入、加入驴友群时长、每周浏览驴友群的次数、平均每天在驴友群花费的时间、驴友群组织线下旅游活动的频率以及参加线下旅游活动的频率作为控制变量，将旅游体验的均值作为观察变量进行单因素方差分析，以探讨旅游虚拟社区成员线下旅游体验在不同因素影响下的差异特征（见表6-15、表6-16）。

表6-15　不同组别的成员旅游体验均值

变量	类别	N	旅游体验均值
性别	男	104	5.83
	女	118	6.02
年龄	30岁及以下	32	5.89
	31~45岁	81	5.98
	46岁及以上	109	5.91
文化程度	初中及以下	34	6.10
	中专或高中	58	5.81
	大专	59	5.98
	本科	60	5.92
	硕士及以上	11	5.88
职业	政府及事业单位职员	40	6.11
	个体经营者	22	5.70
	企业单位职员	40	5.74
	专业技术人员	19	6.17
	离退休人员	52	5.96

续表

变量	类别	N	旅游体验均值
平均月收入	2000 元及以下	33	5.85
	2001~5000 元	112	6.03
	5001~8000 元	49	5.82
	8001 元及以上	28	5.85
加入驴友群时长	6 个月以下	41	5.71
	6~12 个月	34	6.02
	1~3 年	81	6.04
	3 年以上	66	5.89
每周浏览驴友群的次数	1 次及以下	18	5.67
	2~3 次	32	5.64
	4~6 次	39	6.00
	7 次及以上	133	6.02
平均每天在驴友群花费的时间	不足半小时	62	5.63
	0.5~1 小时	81	6.07
	1~3 小时	55	6.12
	3 小时以上	24	5.82
驴友群组织线下旅游活动的频率	每月少于 1 次	71	5.75
	每月 1~3 次	61	6.05
	每月 4 次及以上	90	5.99
参加线下旅游活动的频率	每年 1~3 次	105	5.87
	每年 4~6 次	37	5.67
	每年 7~9 次	20	6.13
	每年 10 次及以上	60	6.14

表 6-16 单因素方差分析

变量	N	df	旅游体验	
			F 值	P 值
性别	222	1	2.670	0.104
年龄	222	2	0.188	0.829
文化程度	222	4	0.751	0.558

续表

变量	N	df	旅游体验	
			F 值	P 值
职业	173	4	1.944	0.105
平均月收入	222	3	1.026	0.382
加入驴友群时长	222	3	1.756	0.157
每周浏览驴友群的次数	222	3	2.588	0.054
平均每天在驴友群花费的时间	222	3	4.970	0.002**
驴友群组织线下旅游活动的频率	222	2	2.672	0.075
参加线下旅游活动的频率	222	3	3.333	0.020*

注：*表示在 0.05 的显著水平下差异显著；**表示在 0.01 的显著水平下差异显著。

根据单因素方差分析的结果，可以看出：

（1）平均每天在驴友群花费时间不同的社区成员和参加驴友群组织的线下旅游活动频率不同的社区成员的线下旅游体验具有显著差异。整体上，随着社区成员平均每天在驴友群花费的时间以及参与驴友群组织的线下旅游活动频率的增加，成员线下旅游体验的均值也相应增加，说明社区成员参与驴友群线上互动交流和驴友群组织的线下旅游活动的积极性是影响线下旅游体验的重要因素。

（2）不同性别、年龄、文化程度、职业、平均月收入、加入驴友群时长、每周浏览驴友群次数以及驴友群组织线下旅游活动频率的社区成员的线下旅游体验没有显著性差异。社区成员身份的平等性使得文化程度、职业和平均月收入对成员线下旅游体验的影响不大；社区成员加入驴友群时长、每周浏览驴友群次数以及驴友群组织线下旅游活动的频率对成员线下旅游体验的影响作用有限。

四、社区依恋特征分析

（一）社区依恋的总体特征

由表 6-17 可以看出，社区成员对所在的驴友群表现出社区依赖（M = 5.76），"CD5 加入该驴友群使我的生活比以前更加丰富和快乐"（M = 5.94）得到成员较高的认同。成员也呈现出较强的社区认同（M = 5.80），如"CI3 我觉得我们这个驴友群是一个大家庭"（M = 5.92），"CI4 我认为我加入这个驴友群的决定是正确的"（M=6.03）以及"CI5 我会向喜欢旅游的朋友推荐加入这个群"（M=6.00）。

表 6-17 成员社区依恋均值（N=222）

潜变量和观察变量	均值	标准差
社区依恋	5.78	0.817
社区依赖维度	5.76	0.840
CD1 该驴友群组织的旅游活动能够满足我的旅游需求	5.49	1.108
CD2 在该驴友群中我能找到跟自己志趣相投的人一起交流	5.73	0.906
CD3 该驴友群为我提供了分享和交流旅游经验的平台	5.86	0.942
CD4 加入该驴友群有助于我释放现实生活中的压力	5.78	1.025
CD5 加入该驴友群使我的生活比以前更加丰富和快乐	5.94	0.949
社区认同维度	5.80	0.870
CI1 与群成员在线交流已成为我日常生活的一部分	5.35	1.219
CI2 与群成员建立的这种关系对我很有意义	5.68	1.068
CI3 我觉得我们这个驴友群是一个大家庭	5.92	0.997
CI4 我认为我加入这个驴友群的决定是正确的	6.03	0.877
CI5 我会向喜欢旅游的朋友推荐加入这个群	6.00	0.927

具体到各题项来看（见表 6-18），社区依赖维度中均值最高的前三个题项分别为 CD5、CD3 和 CD4，支持率分别为 91.8%、91.8% 和 89.2%，其他两个题项 CD1 和 CD2 的支持率分别为 80.5% 和 88.2%，说明社区成员对驴友群具有较高的功能依赖。社区认同维度中 CI1、CI2、CI3、CI4 和 CI5 五个题项的支持率分别为 76.1%、82.8%、89.6%、91.4% 和 92.3%，表明社区成员对驴友群表现出一定程度的情感依恋。

表 6-18 成员社区依恋题项频率统计 单位:%

社区依恋维度	非常不同意	不同意	不太同意	中立	比较同意	同意	非常同意
社区依赖							
CD1 该驴友群组织的旅游活动能够满足我的旅游需求	0.0	0.5	4.1	14.9	26.1	35.6	18.8
CD2 在该驴友群中我能找到跟自己志趣相投的人一起交流	0.0	0.0	0.5	11.3	21.2	48.6	18.4
CD3 该驴友群为我提供了分享和交流旅游经验的平台	0.0	0.5	1.4	6.3	20.3	46.4	25.1
CD4 加入该驴友群有助于我释放现实生活中的压力	0.0	0.9	1.8	8.1	21.6	42.8	24.8

社区依恋维度	非常不同意	不同意	不太同意	中立	比较同意	同意	非常同意
CD5 加入该驴友群使我的生活比以前更加丰富和快乐	0.0	0.5	0.5	7.2	19.4	41.9	30.5
社区认同							
CI1 与群成员在线交流已成为我日常生活的一部分	0.5	1.8	5.4	16.2	21.6	39.6	14.9
CI2 与群成员建立的这种关系对我很有意义	0.0	0.5	1.4	15.3	19.4	39.6	23.8
CI3 我觉得我们这个驴友群是一个大家庭	0.0	0.5	0.9	9.0	16.7	41.4	31.5
CI4 我认为我加入这个驴友群的决定是正确的	0.0	0.0	0.0	8.6	11.3	49.1	31.0
CI5 我会向喜欢旅游的朋友推荐加入这个群	0.0	0.5	0.9	6.3	14.0	47.3	31.0

成员对驴友群的功能依赖主要来自于其他成员的帮助。成员在和驴友群其他成员结伴出游时，不用担心旅途孤独、迷路、出现突发状况等问题。"跟大家伙一起出来旅游主要是自己不认识路，是个路盲。"（NO.2-M）"参加驴友群组织的活动，自己可以去稍微远点的地方玩，因为这样会比较安全点，相互有个照应。"（NO.3-M）在与其他群成员一起出游时，成员在旅途中可以获得坚持下去的动力。"自己一个人爬山的话可能坚持不下来，因为有可能走一二十公里，和驴友一起的话会有动力，能够坚持下来。"（NO.6-M）成员之间通过交往建立的友情让成员对驴友群产生情感依恋。"我和群里几个成员关系都很好，我们就像亲兄弟姐妹一样，有时候周六、周日我们会相约去一个人的家里，大家一起做做菜、说说话，真的挺好的。"（NO.8-F）

（二）社区依恋的差异特征

本书将性别、年龄、文化程度、职业、平均月收入、加入驴友群时长、每周浏览驴友群的次数、平均每天在驴友群花费的时间、驴友群组织线下旅游活动的频率以及参加线下旅游活动的频率作为控制变量，将社区依恋的均值作为观察变量进行单因素方差分析，以探讨旅游虚拟社区成员社区依恋在不同因素影响下的差异特征（见表6-19、表6-20）。

表6-19　不同组别的成员社区依恋均值

变量	类别	N	社区依恋均值	社区依赖均值	社区认同均值
性别	男	104	5.74	5.76	5.73

变量	类别	N	社区依恋均值	社区依赖均值	社区认同均值
性别	女	118	5.81	5.77	5.86
年龄	30 岁及以下	32	5.66	5.63	5.70
	31~45 岁	81	5.88	5.86	5.89
	46 岁及以上	109	5.74	5.73	5.76
文化程度	初中及以下	34	5.94	5.88	5.99
	中专或高中	58	5.67	5.63	5.72
	大专	59	5.91	5.93	5.90
	本科	60	5.67	5.66	5.68
	硕士及以上	11	5.72	5.75	5.69
职业	政府及事业单位职员	40	6.00	5.99	6.01
	个体经营者	22	5.55	5.55	5.56
	企业单位职员	40	5.61	5.62	5.60
	专业技术人员	19	6.08	6.15	6.02
	离退休人员	52	5.74	5.70	5.78
平均月收入	2000 元及以下	33	5.72	5.66	5.78
	2001~5000 元	112	5.87	5.84	5.90
	5001~8000 元	49	5.66	5.67	5.65
	8001 元及以上	28	5.68	5.71	5.64
加入驴友群时长	6 个月以下	41	5.62	5.65	5.59
	6~12 个月	34	5.76	5.75	5.78
	1~3 年	81	5.86	5.80	5.91
	3 年以上	66	5.79	5.78	5.80
每周浏览驴友群的次数	1 次及以下	18	5.58	5.64	5.52
	2~3 次	32	5.49	5.47	5.51
	4~6 次	39	5.84	5.84	5.83
	7 次及以上	133	5.86	5.82	5.89
平均每天在驴友群花费的时间	不足半小时	62	5.41	5.38	5.43
	0.5~1 小时	81	5.95	5.96	5.94
	1~3 小时	55	5.98	5.93	6.03
	3 小时以上	24	5.71	5.69	5.73

变量	类别	N	社区依恋均值	社区依赖均值	社区认同均值
驴友群组织线下旅游活动的频率	每月少于1次	71	5.59	5.55	5.62
	每月1~3次	61	5.89	5.90	5.89
	每月4次及以上	90	5.85	5.84	5.87
参加线下旅游活动的频率	每年1~3次	105	5.71	5.69	5.74
	每年4~6次	37	5.54	5.59	5.48
	每年7~9次	20	5.86	5.88	5.84
	每年10次及以上	60	6.02	5.95	6.08

表6-20 单因素方差分析

变量	N	df	社区依恋		社区依赖		社区认同	
			F值	P值	F值	P值	F值	P值
性别	222	1	0.411	0.522	0.008	0.927	1.248	0.265
年龄	222	2	1.005	0.368	1.093	0.337	0.770	0.464
文化程度	222	4	1.238	0.296	1.318	0.264	1.058	0.378
职业	173	4	2.330	0.058	2.497	0.045*	1.858	0.120
平均月收入	222	3	1.022	0.384	0.699	0.554	1.336	0.264
加入驴友群时长	222	3	0.773	0.510	0.335	0.800	1.225	0.301
每周浏览驴友群的次数	222	3	2.185	0.091	1.792	0.150	2.323	0.076
平均每天在驴友群花费时间	222	3	7.150	0.000**	7.063	0.000**	6.050	0.001**
驴友群组织线下旅游活动的频率	222	2	2.955	0.054	3.395	0.035*	2.107	0.124
参加线下旅游活动的频率	222	3	3.143	0.026*	1.874	0.135	4.152	0.007**

注：* 表示在0.05的显著水平下差异显著；** 表示在0.01的显著水平下差异显著。

根据单因素方差分析的结果，可以看出：

（1）不同职业的社区成员之间的社区依赖存在显著差异。由表6-19可知，专业技术人员的社区依赖均值最高，为6.15，其次为政府及事业单位职员和离退休人员，分别为5.99和5.70，企业单位职员与个体经营者的社区依赖均值最低，分别为5.62和5.55。这可能与不同职业的社区成员的闲暇时间有关，闲暇时间的多寡客观上决定了社区成员参与驴友群组织的线下旅游活动的可能性。一般而言，专业技术人员、政府及事业单位职员以及离退休人员相对于企业单位职员和个体经营者有更多的闲暇时间，因而对驴友群发布的线下旅游信息较为关注，参与线下旅游活动也更积极，对社区的功能依赖也就越强。

（2）平均每天在驴友群花费时间不同的社区成员的社区依恋、社区依赖和社区认同具有显著差异。整体来看，随着社区成员平均每天在驴友群花费时间的增多，成员的社区依恋、社区依赖和社区认同的均值也相应增加，说明社区成员参与驴友群线上互动交流是其社区依恋的重要影响因素。

（3）驴友群组织线下旅游活动频率不同的社区成员的社区依赖存在显著差异。研究结果表明，驴友群组织线下旅游活动的频率越高，成员对其所在社区的功能依赖越强。

（4）参加驴友群组织的线下旅游活动频率不同的成员的社区依恋和社区认同具有显著差异。随着社区成员参与驴友群组织的线下旅游活动频率的增加，成员的社区依恋和社区认同相应增强，说明社区成员参与驴友群组织的线下旅游活动的积极性是影响社区依恋和社区认同的重要因素。

（5）不同性别、年龄、文化程度、平均月收入、加入驴友群时长和每周浏览驴友群次数的社区成员的社区依恋、社区依赖和社区认同均没有显著差异，因而这六个因素对旅游虚拟社区成员的社区依恋影响不大。

第三节 驴友俱乐部社区依恋的形成机制

一、测量模型检验

本书利用 SPSS 22.0 软件对各题项进行偏度和峰度分析，得到各测量指标的偏度绝对值处于 0.355~1.998 范围内，均小于 2，峰度绝对值在 0.108~6.203 范围内，均小于 7，达到了 Finney 等（2006）的建议，适合采用 ML 估计法。本书运用结构方程软件 Mplus 7.0 对各潜变量进行了验证性因子分析。

通过对各潜变量的验证性因子分析发现，除了 I3 之外，其余观测变量的标准化因子载荷均大于 0.50 且显著，达到了 Fornell 等（1981）主张的标准化因子载荷要大于 0.50 且达到显著水平的标准。各潜变量的组合信度（CR）均超过 0.70，而平均方差萃取量（AVE）除了沉浸感（0.386）外，其他 5 个潜变量的值均大于 0.50。观测变量 I3 除了标准化因子载荷小于 0.50 之外，还降低了沉浸感（I）的聚敛效度，因此决定予以删除，并对新形成的测量模型重新进行验证性因子分析。从表 6-21 可以看出，新模型的各观测变量的标准化因子载荷均大于 0.50 且显著，潜变量的平均方差萃取量（AVE）均接近或超过 0.50，组合信度（CR）均大于 0.70，说明新模型具有较好的收敛效度。

表 6-21　信度和效度检验

潜变量	题项	参数显著性估计				题目信度		组合信度	聚敛效度
		非标准化因子载荷	S.E.	Z值	P-Value	标准化因子载荷	SMC	CR	AVE
成员感	M1	1.000				0.630	0.397	0.809	0.520
	M2	1.322	0.139	9.540	0.000	0.866	0.750		
	M3	1.135	0.135	8.397	0.000	0.762	0.581		
	M4	0.705	0.099	7.098	0.000	0.595	0.354		
信任感	T1	1.000				0.623	0.388	0.865	0.619
	T2	1.157	0.118	9.787	0.000	0.826	0.682		
	T3	1.151	0.123	9.342	0.000	0.851	0.724		
	T4	1.135	0.122	9.284	0.000	0.826	0.682		
沉浸感	I1	1.000				0.804	0.646	0.715	0.461
	I2	0.481	0.081	5.954	0.000	0.587	0.345		
	I4	0.675	0.112	6.029	0.000	0.625	0.391		
社区依赖	CD1	1.000				0.747	0.558	0.907	0.663
	CD2	0.807	0.073	11.010	0.000	0.734	0.539		
	CD3	0.994	0.075	13.317	0.000	0.873	0.762		
	CD4	1.005	0.083	12.068	0.000	0.810	0.656		
	CD5	1.029	0.077	13.424	0.000	0.895	0.801		
社区认同	CI1	1.000				0.658	0.433	0.911	0.675
	CI2	1.098	0.101	10.850	0.000	0.826	0.682		
	CI3	1.091	0.099	10.969	0.000	0.878	0.771		
	CI4	0.967	0.089	10.884	0.000	0.884	0.781		
	CI5	0.974	0.091	10.698	0.000	0.842	0.709		

续表

潜变量	题项	参数显著性估计				题目信度		组合信度	聚敛效度
		非标准化因子载荷	S. E.	Z 值	P-Value	标准化因子载荷	SMC	CR	AVE
旅游体验	TE1	1.000				0.841	0.707	0.944	0.707
	TE2	1.063	0.076	13.949	0.000	0.777	0.604		
	TE3	1.086	0.068	15.991	0.000	0.843	0.711		
	TE4	1.201	0.064	18.784	0.000	0.927	0.859		
	TE5	1.164	0.072	16.145	0.000	0.854	0.729		
	TE6	1.066	0.071	15.121	0.000	0.818	0.669		
	TE7	1.103	0.073	15.061	0.000	0.820	0.672		

此外，如表 6-22 所示，每两个潜变量之间的相关系数绝大多数低于 0.850，说明潜变量间的区分效度较高（Rollero and Piccoli，2010）。同时，大部分潜变量 AVE 值的平方根高于其与其他潜变量间的相关系数，部分潜变量 AVE 值的平方根未达标可能是由于：第一，成员感、信任感和沉浸感以及社区依赖、社区认同分别作为社区感和社区依恋的构成维度，均反映了旅游虚拟社区成员线上的一种情感联结状况，五个变量的内涵具有一定的重叠，因而两两之间的相关系数较大；第二，由于本书采用网络问卷调查的方式收集数据，与实地问卷调查相比，网络问卷调查中驴友浏览题项过快、填写问卷不认真等也可能导致各潜变量的题项之间区别不明显。基于这两方面的考虑，仍可认为各潜变量之间存在足够的区分效度。

表 6-22　区分效度检验

	AVE	M	T	I	CD	CI	TE
M	0.520	**0.721**					
T	0.619	0.804	**0.787**				
I	0.461	0.759	0.724	**0.679**			
CD	0.663	0.618	0.675	0.686	**0.814**		
CI	0.675	0.642	0.702	0.713	0.902	**0.822**	
TE	0.707	0.697	0.762	0.774	0.887	0.921	**0.841**

注：对角线粗体字为 AVE 开根号值，下三角为皮尔森相关。

二、结构模型检验

采用 Mplus 7.0 软件对本书的研究模型进行路径分析，结果表明（见表6-23），就社区感对成员线下旅游体验的影响而言，成员感对旅游体验的正向影响不显著，信任感、沉浸感对旅游体验产生了显著的正向影响，模型假设 H2、假设 H3 通过验证，假设 H1 未得到验证。就社区感对成员线上社区依恋的影响而言，成员感对社区依赖和社区认同产生了不显著的负向影响，假设 H6、假设 H9 未得到验证；信任感对社区依赖产生了显著的正向影响，对社区认同产生了不显著的负向影响，假设 H7 通过验证，假设 H10 未得到验证；沉浸感对社区依赖产生了不显著的正向影响，对社区认同产生了显著的正向影响，假设 H8 未通过验证，假设 H11 得到验证。此外，线下旅游体验对成员线上的社区依赖和社区认同产生了显著的正向影响，同时社区依赖也显著正向影响社区认同，假设 H4、假设 H5 和假设 H12 得到验证。

表 6-23 假设检验结果

	对应假设	标准化路径系数	P-Value	检验结果
旅游体验←成员感	H1	0.035	0.784	不成立
旅游体验←信任感	H2	0.399	0.000	成立
旅游体验←沉浸感	H3	0.435	0.000	成立
社区依赖←旅游体验	H4	0.661	0.000	成立
社区认同←旅游体验	H5	0.449	0.000	成立
社区依赖←成员感	H6	−0.049	0.626	不成立
社区依赖←信任感	H7	0.267	0.005	成立
社区依赖←沉浸感	H8	0.068	0.482	不成立
社区认同←成员感	H9	−0.044	0.611	不成立
社区认同←信任感	H10	−0.004	0.959	不成立
社区认同←沉浸感	H11	0.185	0.023	成立
社区认同←社区依赖	H12	0.409	0.000	成立

整体模型拟合度检验结果显示，模型拟合指标（X^2/df、SRMR）达到了相应的标准，另外一部分指标如 RMSEA、CFI、TLI 虽未达到标准值但也非常接近，表明整体模型拟合效果较好（见表6-24）。

表 6-24 结构模型拟合度

	χ^2/df	RMSEA	CFI	TLI	SRMR
评价标准	<3	<0.08	>0.90	>0.90	<0.08
指数值	2.569	0.084	0.897	0.884	0.048

三、中介效应检验

本书利用 Bootstrap 方法对研究模型进行了中介效应检验（见表 6-25）。中介效应存在的前提是自变量和因变量存在显著相关关系，否则不存在中介效应（温忠麟等，2004）。由路径分析结果可知，成员感对旅游体验和社区依赖的影响不显著，因而成员感对社区认同的三条中介路径效应（成员感→旅游体验→社区认同；成员感→旅游体验→社区依赖→社区认同；成员感→社区依赖→社区认同）未达到显著。信任感对社区认同具有显著的间接效应（β = 0.396），95% 的置信区间为（0.279，1.205），通过三条中介路径发生作用：信任感→旅游体验→社区认同（β = 0.179），95% 的置信区间为（0.092，0.642）；信任感→旅游体验→社区依赖→社区认同（β = 0.108），95% 的置信区间为（0.034，0.513）；信任感→社区依赖→社区认同（β = 0.109），95% 的置信区间为（0.028，0.504）。沉浸感对社区认同存在显著的间接效应，总间接效应为0.341，95% 的置信区间为（0.169，0.668）。沉浸感通过沉浸感→旅游体验→社区认同（β = 0.195）、沉浸感→旅游体验→社区依赖→社区认同（β = 0.118）两条中介路径影响社区认同，95% 的置信区间分别为（0.069，0.463）、（0.027，0.365）。由于沉浸感对社区依赖的影响不显著，故沉浸感→社区依赖→社区认同（β = 0.028）的中介路径效应不显著。

表 6-25 中介效应检验

效应	路径	标准化路径系数	95%置信区间
间接效应	成员感→旅游体验→社区认同	0.016	（-0.207，0.304）
	成员感→旅游体验→社区依赖→社区认同	0.009	（-0.160，0.166）
	成员感→社区依赖→社区认同	-0.020	（-0.266，0.108）

续表

效应	路径	标准化路径系数	95%置信区间
总间接效应	成员感→社区认同	0.005	(-0.450，0.357)
间接效应	信任感→旅游体验→社区认同	0.179	(0.092，0.642)
	信任感→旅游体验→社区依赖→社区认同	0.108	(0.034，0.513)
	信任感→社区依赖→社区认同	0.109	(0.028，0.504)
总间接效应	信任感→社区认同	0.396	(0.279，1.205)
间接效应	沉浸感→旅游体验→社区认同	0.195	(0.069，0.463)
	沉浸感→旅游体验→社区依赖→社区认同	0.118	(0.027，0.365)
	沉浸感→社区依赖→社区认同	0.028	(-0.084，0.171)
总间接效应	沉浸感→社区认同	0.341	(0.169，0.668)

四、研究结论

国内外学术界有关旅游虚拟社区成员情感的研究成果较为丰富，并且主要集中于旅游虚拟社区成员的满意度、忠诚度、归属感和认同感等层面，对成员的社区依恋的研究关注较少。本书以驴友俱乐部这一典型的非营利型旅游虚拟社区为例，探讨了旅游虚拟社区成员社区感、线下旅游体验以及线上社区依恋三者之间的影响关系，结果表明：

（1）旅游虚拟社区感由成员感、信任感和沉浸感三个维度构成，其中成员感反映了社区成员对旅游虚拟社区的归属感，沉浸感描述了成员对社区活动的涉入程度，信任感反映了成员间的信任状况。

（2）作为社区感的重要构成维度，信任感、沉浸感对成员线下旅游体验有显著的正向影响，其中沉浸感对旅游体验的影响作用大于信任感。旅游虚拟社区作为一种关系型社区，成员间兴趣相投、友好互助，为社区组织的线下旅游活动创造了轻松、随意的氛围，促使成员能够搁置日常生活进入旅游世界，从而产生一种彼此接纳、亲密无间、心无芥蒂的关系，实现阈限体验。成员感对成员线下旅游体验的正向影响不显著。借鉴刘于琪等（2017）的研究成果，可以认为：旅游虚拟社区作为一种开放的非熟人社区，社区归属感对成员参与线下旅游活动的积极性影响不大，因而对社区成员线下旅游体验很难产生显著的影响。

（3）旅游虚拟社区成员线下旅游体验对其社区依恋具有显著的正向影响，其中旅游体验对社区依赖的影响大于对社区认同的影响。社区成员加入旅游虚拟社区最重要的动机是利用社区的功能，即交流旅游经验、获取有效旅游信息以及寻找游伴，其次是通过线上互动交流以及参加线下旅游活动寻找心理归属和身份认同。成员对旅游虚拟社区功能方面的需求胜过情感方面的需求。因此，旅游体验对社区依赖的影响大于对社区认同的影响。

（4）旅游虚拟社区依赖对社区认同具有显著的正向影响。这与已有的针对现实社区的地方依恋研究结论相吻合。由于旅游虚拟社区的功能能够满足社区成员的基本需求，社区成员持续利用旅游虚拟社区从而对旅游虚拟社区产生情感依恋。

（5）旅游虚拟社区感中的信任感维度显著正向影响社区依赖，沉浸感维度显著正向影响社区认同。旅游虚拟社区成员通过线上经验分享以及友好互助等方式增强了彼此之间的信任，使成员能够放心地利用社区中发布的相关旅游资讯来满足自己的旅游需求，并且促进成员积极参与社区组织的线下旅游活动，从而加强了社区成员对旅游虚拟社区的功能依赖。社区成员的沉浸感反映了成员对旅游虚拟社区线上和线下活动的投入程度。一般来说，成员对旅游虚拟社区投入越多，与其他社区成员之间的关系越紧密，对旅游虚拟社区的情感依恋也越强。

第四节　旅游虚拟社区运营及旅游地管理启示

一、旅游虚拟社区的运营管理

旅游虚拟社区的维系主要依靠互动交流形成的人际关系网络，与现实社区依靠地缘、业缘和血缘关系维系明显不同（胡向红、张高军，2015），因而社区成员的情感依恋对旅游虚拟社区的成功运营至关重要，如何增强社区成员的情感依恋成为旅游虚拟社区运营管理的关键环节。

（一）重视营造友好的社交氛围

本书中的研究显示，在驴友加入驴友俱乐部的主要目的中，有68.0%的驴友是为了参加旅游活动，49.1%的驴友是为了结交朋友。友好、和谐的旅游虚拟社区社交氛围对驴友加入驴友俱乐部具有重要的吸引作用。一般来说，友好的社交氛围有助于拉近旅游虚拟社区成员之间的距离，调动社区成员参与线上互动交流和线下旅游活动的积极性，是旅游虚拟社区感（成员感、信任感和沉浸感）和社区依恋得以产生的重要前提。因此，旅游虚拟社区的管理者可以通过不断抛出社区成员感兴趣的话题或当下的旅游热点话题来吸引和鼓励成员参与线上的交流互动、组织线下旅游活动等方式来营造友好的社交氛围。

（二）提高社区发布的旅游资讯质量

调研结果显示，20.7%的驴友加入驴友群的主要目的是获取相关旅游信息。因此，旅游虚拟社区管理者应该积极维护旅游虚拟社区的交流环境与秩序，确保旅游虚拟社区中发布的相关旅游资讯的真实性。旅游虚拟社区发布信息及时有效，对于提高社区成员的社区依恋具有重要作用，在一定程度上决定了旅游虚拟社区的用户黏性。因此，旅游虚拟社区应不断创新和完善社区在信息共享、体验分享和同伴寻找等方面的功能，以最大限度地满足社区成员的旅游需求，促使社区成员对旅游虚拟社区产生情感依恋，从而提高社区成员的满意度和忠诚度。

（三）重视组织线下旅游活动

集体记忆有助于族群凝聚力和族群认同的形成。线下旅游活动的重要作用是可以构建虚拟社区的集体记忆。线下活动的故事、视频和照片是集体记忆的重要载体，这些内容在成员间传播，不断建构和加强社区成员的集体记忆，在这一过程中，虚拟社区的集体认同得以形成和维系。因此，应重视线下旅游活动的开展。以往的研究和实践较多关注线上活动平台的维护和管理，对线下旅游活动的重视程度不够。旅游虚拟社区的运营和管理应将线上交流互动和线下旅游活动有机地结合起来，充分发挥协同效应，增强成员对社区的认同和依恋，促进社区的发展。

二、基于旅游虚拟社区的旅游地管理

（一）加强旅游地的线上关系营销

旅游虚拟社区是旅游地宣传自身品牌的重要平台，是维系旅游地和游客之间关系的重要渠道。旅游地的旅游虚拟社区建设对于增强其市场竞争力具有重要的作用。旅游地应注重旅游虚拟社区的日常维护，重视平台上相关旅游信息的及时更新，实时推送旅游地相关信息，为旅游者的出游提供全方位的服务。旅游企业或景区可借助旅游虚拟社区平台，宣传旅游企业或景区的文化和品牌，提高旅游品牌的认知度，既节省营销成本，又能够使自身的品牌得以快速传播。

（二）注重对驴友利基市场的开发

利基市场（Niche Market）是指被市场中有绝对优势的企业忽略的、可以避免竞争的某些小的细分市场（陈德富等，2011）。驴友作为小众群体，长久以来被传统旅游企业所忽视，然而具有较广阔的商业利益空间，是重要的旅游利基市场。旅游虚拟社区成员"结伴出游"作为一种新型旅游方式，具有费用优势和人际交往乐趣，吸引了越来越多的潜在旅游者。旅游景区应加强和驴友群体的合作，并根据驴友的需求提供创意性项目和优质的旅游服务，一方面能够开拓客源市场，提高盈利能力；另一方面可以通过驴友的在线分享实现口碑传播和网络营销，最终达到旅游品牌塑造的目的。

第七章

旅游社区依恋研究展望

第一节　流动性视角的旅游社区扎根研究

一、流动性与地方扎根

流动性（Mobility）已成为人类社会重要的特征和生存方式，是人类体验世界的重要方式，当今社会日益从"社会性的社会"向"流动性的社会"转变（Urry，2000）。流动性正在成为众多学科领域重要的研究视角。西方社会理论的前沿研究出现了流动性转向的新趋势，并使流动性成为观察和理解社会变迁的一个新维度（林晓珊，2014）。现代世界正从地方空间（Spaces of Places）向流动空间（Spaces of Flows）转变，人地关系也经历着从定居主义到游牧主义的意义转变，流动性正在成为地理学重要的研究视角（徐红罡、唐香姐，2015；张朝枝、张鑫，2017；孙九霞等，2016；吴寅姗等，2017），推动了地理学研究"新流动性范式"的转向（Sheller and Urry，2006）。认识人类流动性产生的复杂的人地关系现象和问题，需要展开多学科交叉研究（杨茜好、朱竑，2015）。

扎根（Rootedness）是人地相互作用的另一种方式和过程。著名人文主义地理学家 Tuan（1974）认为，地方感反映的人地情感联结关系，在强度上可以从即时的快乐感到持久而深度的根植依恋感（Rooted Attachment）而变化。在

《恋地情结》（*Topophilia*）一书中，Tuan（1974）研究了人与地方之间情感上的联系，认识到人与地方之间持久而深度的根植依恋（Rooted Attachment）关系。Relph（1976）认为，我们在某个特定地方的经历，无论是与他人共同的还是个人的，总会有一些什么使我们与那个地方紧密相连，这就是"我们在地方的根"。Relph（1976）发现，这种对地方的联系是人类的一种重要需要："扎根于地方就是拥有一个面向世界的牢固基点，就是把握一个人在事物秩序中自己的位置，就是对特定地方的精神上和心理上的深深依恋。"Hummon（1992）提出了四种地方感：根植性（Rootedness）、异地性（Alienation）、亲缘性（Relativity）、无地方性（Placelessness）。由此可知，著名人文主义地理学家 Tuan、Relph、Hummon 等都明确认识到人与特定地方的地方扎根（Place Rootedness）关系，并将地方扎根作为地方感概念内涵的重要内容。

从文献检索来看，国外关于扎根和无根（Rootlessness）的文献很少，已有关于扎根的研究，主要包括扎根对人口迁移的影响研究（Cooke，2011），欧洲城市中上阶层的跨国迁移和扎根行为研究（Andreotti et al.，2013），个体经营者的居住地扎根（Residential Rootedness）问题研究（Reuschke and Ham，2013）等。另外，有研究者进行了无根的定性讨论，如社会学研究中边缘群体的无根感（Geremek，1982），家的意义和无家可归（Homelessness）的研究中提到的无根感（Somerville，1992），美国城市地区低收入人群在公共住房拆迁中的社会和地理无根体验（Keene et al.，2010）等。关于扎根的定量测量和分析，只发现环境心理研究文献中从"渴望改变"和"家与家庭"两个维度设计的测量量表（McAndrew，1998）。另外，国外对"家"的研究中提出了家的地方扎根属性，认为家是地方所依附的最重要的空间尺度，是个人与社会意义扎根的地方（Blunt and Varley，2004；Blunt，2005；Papastergiadis，1998；薛熙明、封丹，2016；封丹等，2015）。可见，国外研究者只是在地方感的框架内提出了地方扎根的概念，对于地方扎根的具体内涵、构成维度、过程机理及其影响均缺乏系统的研究，尚未对相关理论框架和研究方法进行探讨。

在一个地方扎根是人的一种内在需要，人需要通过与地方的联结获得一种身份感和安全感，流动往往也是为了寻找一个更适合扎根的地方。在现有的地方感研究中，地方依恋是反映人地情感联结关系的主要概念。然而从人地情感联结的强度和深度上看，地方扎根反映的人地情感联结关系要比地方依恋更强、更深，是人地深度联结关系的反映。从地方依恋到地方扎根，是地理学人地关系研究的拓展和深化，地方扎根可以作为旅游社区中人地关系研究的新领域和新命题。

二、旅游社区的地方扎根研究

党的十九大报告提出要实施乡村振兴战略，随后出台了《中共中央国务院关于实施乡村振兴战略的意见》和《乡村振兴战略规划（2018—2022年）》，明确提出鼓励农民就地创业、返乡创业。然而由于农村经济发展水平低、就业机会少、城镇化加速等多方面的因素，大量农村劳动力进城务工，导致农村劳动力流失严重，越来越多的农村成为"老人村""空心村"。人（尤其是青年人）是乡村振兴战略的关键因素之一，如何让农村青年扎根农村、建设家乡，是乡村振兴战略面临的重大现实问题。

一方面，由于城乡二元结构等各种制度性因素的制约以及城市生活方式、工作方式和交往方式的陌生性，农村青年难以在城市里"扎根"。另一方面，由于农村经济发展落后、个人发展机会少、生活条件差、文化生活单调等多方面的因素，农村青年又不愿或难以在乡村"扎根"，而游弋于城市和乡村的边缘（何绍辉，2008）。多年的城市打工生活大大淡化了返乡青年农民工对乡村社会的认同与归属，返乡青年农民工往往会主动排斥乡村生活。受城市的被动排斥和农村的主动排斥，返乡青年农民工极易成为"无根"的游民，乡村认同感与归属感的缺失极大地增加了返乡青年农民工的游民化风险（徐晓军、欧利，2009）。

以上问题普遍存在于乡村旅游地中。乡村旅游的发展为农村青年提供了就业机会，一些进城务工的青年返回农村从事旅游业经营，成为乡村旅游发展和乡村振兴重要的人力资本。然而由于旅游业自身的不稳定性以及乡村旅游参与度等因素，返乡青年面临离乡与扎根的两难困境。乡村旅游社区青年地方扎根的意愿、影响因素和过程机理成为值得研究的理论与现实问题。

在旅游地商业化大潮下，旅游城镇社区居民也同样面临地方扎根的现实问题。比如丽江古城，由于生产方式的变化、原社区生活成本的增加、家庭收入风险的增加、保护性管制制度减少了生活的便利性以及增加了居住成本、新城更多的发展机会、原社区人居环境的恶化等突出问题，导致丽江古城居民迁出而发生人口置换（墨绍山，2013）。外来人口的涌入以及本地居民的外迁使得旅游城镇的本土文化不断被"外来文化"所置换，最终导致城镇丧失了其独有的文化特色（卫跃平、高宇，2008）。旅游城镇宜居性的减弱、家园感的丧失会导致居民产生"无根感"。基于心理学、经济学、社会学和地理学等多学科视角，探讨旅游城镇社区居民"无根感"的影响因素、作用机理和解决对策具有重要的现实意义。

第二节　不同主体的旅游社区依恋研究

旅游社区依恋的研究对象除了社区居民之外，还有游客、旅游移民、旅游经营者和旅居者等。然而当前相关研究的研究对象更多地集中在社区居民和游客群体上，未来的研究可以重点关注旅游移民、旅游经营者和旅居者等群体。

一、旅游经营者的家园感

旅游经营者作为旅游目的地的重要组成部分，扮演着文化传播者的重要角色，成为影响游客对旅游目的地感知的关键要素之一（陆敏，2018）。根据旅游经营者的来源，可以将旅游经营者划分为本地经营者和外来经营者两种类型。探讨两类旅游经营者的地方依恋特征、影响因素及其行为效应，对提高经营者对旅游社区的家园感至关重要。增强旅游经营者的社区依恋，有助于提升旅游目的地旅游服务的整体水平，实现旅游业的健康、稳定和持续发展。

二、旅游移民的社区依恋

伴随着我国旅游业从大众旅游向更加细分、更加个性化的旅游形式的转变，旅游业对人力资本的高吸纳属性进一步增强，热点旅游目的地工作人员的需求量显著增加，这使旅游劳工移民大量迁入成为可能（王舒媛、白凯，2017）。同时，在我国快速城镇化进程中也出现了逆城市化现象，城市迁出人口和农村回流人口等"新移民"开始逐渐涌入乡村地区（金如委、宫宝利，2017）。旅游劳工移民和"新移民"等旅游移民的融入势必会重构旅游社区的空间结构和社会结构。探讨旅游移民的地方依恋对促进移民的自我身份认同、地方融入以及旅游社区治理具有重要意义。

三、旅居者的多地依恋

现代人出于商务会议、探亲访友、宗教朝圣、健康养生、休闲度假等原因在多个地方之间流动，通过与多个地方的持续互动，赋予多个地方以不同的功能依赖和情感认同，产生多元朝向的地方依恋现象。随着人们流动性的增强，现代人的地方依恋是辩证存在和动态建构的。人们通过将多元的地方融入其休闲体验中，从而对多个地方产生地方依恋，使地域超越了固定的、熟悉的地方并成为环绕个体的不可触摸的存在（吴悦芳、徐红罡，2019）。这种多地依恋催生了一种新的旅游者群体——旅居者，多地依恋也是旅居者典型的地方情感特征。

随着人们的休闲需求和消费能力的提升，以及从观光到旅居的生活方式和居住观念的转变，旅游社区人口结构发生了巨大变化，以休闲、度假、康养等为目的的旅居者的人口规模逐渐增大。旅居者在流入地生活一定的时间，必然会与流入地及当地居民产生一种互动影响关系，并呈现出"人—人""人—地"的多维交叉特征，从而引发新的"人—地"关系（王金莲等，2019）。旅居者的地方依恋的影响因素众多，涉及旅游社区物价水平、人际关系、地域文化和环境质量等经济、社会文化和生态因素。同时，旅居者的地方依恋不仅会对其个人的社区参与行为、资源保护行为、重游意愿等产生积极影响，而且也会影响到旅游社区的和谐稳定。旅居可以分为一般旅居和第二居所旅居，以在异地进行了二次置业为特征的第二居所旅居相对于一般旅居而言具有频繁往复的特点（王金莲等，2019）。当前，学术界对旅居者的地方依恋现象的研究较少，未来可以对旅居者的地方依恋及其社会文化和空间效应展开更全面、深入的探究。

第三节　旅游虚拟社区依恋的拓展研究

一、旅游虚拟社区依恋与价值共创

顾客价值共创对企业的长远发展和顾客的体验质量提升具有十分重要的作

用。对企业而言，通过引导顾客参与产品的设计、生产、使用、反馈等全过程，能够更准确地把握市场需求；对顾客而言，可以表达诉求，分享和传播自己的体验，从而获得体验价值，两者有效结合，可以实现共同的价值创造。顾客价值共创主要包括企业发起和顾客自发两种形式，其中，前者主要是指顾客参与新产品开发活动，如参与新产品创意、设计、测评和推广活动，后者是指顾客自发地与其他顾客就产品使用经验进行互动交流（王松等，2019）。21 世纪以来，随着互联网以及电子商务技术日新月异的发展，虚拟社区作为一种典型的社交媒体，逐渐成为企业与顾客价值共创的重要平台。当前，学术界针对基于虚拟社区的价值共创的研究相对较多，然而旅游学界对基于旅游虚拟社区的旅游企业价值共创议题的关注度不高。探讨旅游虚拟社区价值共创的影响因素不仅有助于帮助游客获得独特的体验价值和成就感，而且也可以帮助旅游企业降低成本、提升服务质量，以及提高游客的满意度和忠诚度，从而增强旅游企业的整体实力和竞争力。旅游虚拟社区依恋作为游客和虚拟社区之间深层次的情感联结，一方面会推动游客参与旅游企业的价值共创；另一方面，价值共创行为也会加强成员与旅游虚拟社区的联结关系。因此，未来可以对旅游虚拟社区依恋与成员的价值共创行为的相互影响关系展开深入研究。

二、旅游虚拟社区的个性化服务与社区依恋

用户黏性是旅游虚拟社区运营成功的关键，旅游虚拟社区依恋可以增强用户黏性。一些营利性的旅游虚拟社区通过为用户提供个性化服务来提升用户体验，提高用户对虚拟社区的依赖性，从而增强用户的社区依恋和用户黏性。典型案例如携程开发的"微领队"服务，该产品创立于 2015 年，是携程为预订自由行的游客提供旅行服务的在线服务产品。其功能是把同一时间去同一目的地的旅游者，通过 App 或微信群组织在一起，集结全球资深向导和领队，为旅游者解决旅行中的棘手问题，是携程为线上用户提供的满足个性化需求的服务产品。近年来，中国旅游业发展迅速，用户需求不断发生变化，自由行、边走边订的消费习惯成为大众旅游的主流，大部分旅游者不再接受旅行团的安排，从策划到实施都亲力亲为，在此过程中借助旅游相关平台的海量信息就尤为重要。然而如果能够在海量信息中为旅游者提供精准信息供给，那无疑会受到旅游者的青睐。携程"微领队"服务产品正是基于上述背景应运而生。它的口号是"微领队，让旅行更简单"。该产品为用户提供超全目的地攻略、旅途结伴、旅

程翻译、全球旅行 SOS 紧急救援等服务，以更为全面的使用功能满足用户个性化需求，增强用户黏性。这种个性化服务对于增强成员的社区依恋，从而提高旅游虚拟社区的用户黏性究竟有何影响，有待于深入研究。

另一典型案例如蜂首俱乐部。蜂首俱乐部是由马蜂窝网组织成立的一种新型、非营利性的高端驴友俱乐部。蜂首俱乐部具有严格的入会标准，必须是蜂首才有资格加入。每当 12 点钟声敲响，马蜂窝官网首页上就会有一篇游记脱颖而出，该游记被称为蜂首游记，而游记的作者就是蜂首。截至目前，蜂首俱乐部仅有 1823 名成员。每隔两个月，蜂首俱乐部会组织生活在某个城市的蜂首一起赴全球各地著名景点旅行，蜂首们在目的地可以尽情地欣赏美景、享受美食、体验地方文化、畅聊人生以及放松身心。蜂首俱乐部作为一种特殊的旅游虚拟社区，不仅是旅游者之间信息交流和共享的平台，而且日益成为能够产生文化认同感、心理归属感和情感依恋的精神家园。蜂首俱乐部这种新型虚拟社区的成员社区依恋特征及其对旅游企业网络营销的影响，还有待于深入研究。

参考文献

［1］ Acquah E. , Rollins R. , Dearden P. , et al. Concerns and Benefits of Park-adjacent Communities in Northern Ghana: The Case of Mole National Park ［J］. International Journal of Sustainable Development and World Ecology, 2017, 24 (4): 316-327.

［2］ Adams P. Network Topologies and Virtual Place ［J］. Annals of American Association of Geographers, 1998, 88 (10): 88-106.

［3］ Akyeampong O. A. Pro-poor Tourism: Residents' Expectations, Experiences and Perceptions in the Kakum National Park Area of Ghana ［J］. Journal of Sustainable Tourism, 2011, 19 (2): 197-213.

［4］ Andreotti A. , Gales P. L. , and Fuentes F. J. M. Transnational Mobility and Rootedness: The Upper Middle Classes in European Cities ［J］. Global Networks, 2013, 13 (1): 41-59.

［5］ Armstrong A. and Hagel J. The Real Value of Online Communities ［J］. Harvard Business Review, 1996, 23 (4): 134-141.

［6］ Arnberger A, Eder R. Place Attachment of Local Residents with an Urban Forest and Protected Area in Vienna ［C］ //Proceeding of The Fourth International Conference on Monitoring and Management of Visitor Flows in Recreational and Protected Areas, Montecatini Terme (Tuscany, Italy), 2008.

［7］ Aymoz B. G. P. , Randrianjafy V. R. , and Randrianjafy Z. J. N. Community Management of Natural Resources: A Case Study from Ankarafantsika National Park, Madagascar ［J］. Ambio, 2013, 42 (6): 767-775.

［8］ Backlund E. A. , Williams D. R. A Quantitative Synthesis of Place Attachment research: Investigating Past Experience and Place Attachment ［A］. Murdy J. ed. Proceedings of the 2003 Northeastern Recreation Research Symposium ［C］. USDA Forest Service, Northeast Research Station, 2003.

［9］Bagozzi R. P. and Yi Y. On the Evaluation of Structural Equation Models ［J］. Journal of the Academy of Marketing Science, 1988, 16（1）: 74-94.

［10］Blanchard A. L. and Markus M. L. The Experienced "Sense" of a Virtual Community: Characteristics and Processes ［J］. Database for Advances in Information System, 2004, 35（1）: 65-79.

［11］Blunt A. Cultural Geography: Cultural Geographies of Home ［J］. Progress in Human Geography, 2005, 29（4）: 505-515.

［12］Blunt A. and Varley A. Geographies of Home ［J］. Cultural Geographies, 2004, 11（1）: 3-6.

［13］Boomsma A. The Robustness of Maximum Likelihood Estimation in Structural Equation Models ［A］. Cutance P. and Ecob R. Structural Modeling by Example ［C］. New York: Cambridge University Press, 1987.

［14］Breakwell G. M. Coping with Threatened Identity ［M］. London: Methuen, 1986.

［15］Breakwell G. M. Integrating Paradigms: Methodological Implications ［A］. Breakwell G. M. and Canter D. V. Empirical Approaches to Social Representations ［C］. Oxford: Clarendon Press, 1993.

［16］Breakwell G. M. Processes of Self-evaluation: Efficacy and Estrangement ［A］. Breakwell G. M. Social Psychology of Identity and the Self-concept ［C］. Surrey: Surrey University Press, 1992.

［17］Bres K. D. and Davis J. Celebrating Group and Place Identity: A Case Study of a New Regional Festival ［J］. Tourism Geographies, 2001, 3（3）: 326-337.

［18］Bricker K. S. and Kerstetter D. L. An Interpretation of Special Place Meanings Whitewater Recreationists Attach to the South Fork of the American River ［J］. Tourism Geographies, 2002, 4（4）: 396-425.

［19］Bricker K. S. and Kerstetter D. L. Level of Specialization and Place Attachment: An Exploratory Study of Whitewater Recreationists ［J］. Leisure Sciences, 2000, 22（4）: 233-257.

［20］Brook I. Making Here Like There: Place Attachment, Displacement and the Urge to Garden ［J］. Ethics, Place and Environment, 2003, 6（3）: 227-234.

［21］Brown B., Perkins D. D., and Brown G. Place Attachment in a Revitalizing Neighborhood: Individual and Block Levels of Analysis ［J］. Journal of Environmental Psychology, 2003 (23): 259-271.

[22] Bruner E. M. The Ethnographer Tourist in Indonesia [A]. Allcoc J. B. and Bruner E. M. International Tourism: Identity and Change, Marie – Francoise Lanfant [C]. London: Sage, 1995.

[23] Buono F., Pediaditi K. and Carsjens G. J. Local Community Participation in Italian National Parks Management: Theory versus Practice [J]. Journal of Environmental Policy & Planning, 2012, 14 (2): 189-208.

[24] Casaló L. V., Flavián C., and Guinalíu M. Determinants of the Intention to Participate in Firm-hosted Online Travel Communities and Effects on Consumer Behavioral Intentions [J]. Tourism Management, 2010, 31 (6): 898-911.

[25] Casaló L. V., Flavián C., and Guinalíu M. Understanding the Intention to Follow the Advice Obtained in an Online Travel Community [J]. Computers in Human Behavior, 2011, 27 (2): 622-633.

[26] Chen J. and Qiao J. Research on the Influence of User Interaction of Tourism Virtual Community on Purchase Intention [A]. Proceedings of the Thirteenth International Conference on Management Science and Engineering Management [C]. Canada: Springer, 2019: 119-134.

[27] Chen N. and Šegota T. Resident Attitudes, Place Attachment and Destination Branding: A Research Framework [J]. Tourism and Hospitality Management, 2015, 21 (2): 145-158.

[28] Chunchu C., James F. P., and Moji S. Tourism Experiences as a Stress Reliever: Examining the Effects of Tourism Recovery Experiences on Life Satisfaction [J]. Journal of Travel Research, 2016, 55 (2): 150-160.

[29] Chung J. Y., Buhalis D. Web 2.0: A Study of Online Travel Community [A]. Information and Communication Technologies in Tourism [C]. Vienna: Springer, 2008: 70-81.

[30] Clark J. K. and Stein T. V. Incorporating the Natural Landscape within an Assessment of Community Attachment [J]. Forest Science, 2003, 49 (6): 867-876.

[31] Cooke T. J. It is not Just the Economy: Declining Migration and the Rise of Secular Rootedness [J]. Population Space and Place, 2011, 17 (3): 193-203.

[32] Corcoran M. P. Place Attachment and Community Sentiment in Marginalized Neighborhoods: A European Case Study [J]. Canadian Journal of Urban Re-

search, 2002, 11 (1): 47-67.

［33］Crosby L. A. and Taylor J. R. Psychological Commitment and Its Effects of Post-decision Evaluation and Preference Stability among Voters ［J］. Journal of Consumer Research, 1983, 9 (4): 413-431.

［34］El-Manstrly D., Ali F., and Steedman C. Virtual Travel Community Members' Stickiness Behaviour: How and When It Develops ［J］. International Journal of Hospitality Management, 2020 (88): 102-535.

［35］Ezebilo E. E. and Mattsson L. Socio-economic Benefits of Protected Areas as Perceived by Local People around Cross River National Park, Nigeria ［J］. Forest Policy and Economics, 2010, 12 (3): 189-193.

［36］Finney S. J. and Distefano C. Non-normal and Categorical Data in Structural Equation Modeling ［A］. Hancock G. R. and Mueller R. O. Structural Equation Modeling: A Second Course ［C］. Connecticut: Information Age Publishing Inc., 2006.

［37］Florian G. and Wang Y. H. The Influence of Empowerment Level on the Perception of Tourism Development Dimensions: A Case of Local Communities Adjacent to Kilimanjaro National Park, Tanzania ［J］. Journal of Tourism and Leisure Research, 2017, 29 (7): 37-53.

［38］Fornell C. and Larcker D. F. Evaluating Structural Equation Models with Unobservable Variable Variables and Measurement Error ［J］. Journal of Marketing Research, 1981, 18 (1): 39-50.

［39］Foster G. M. South Seas Cruise: A Case Study of A Short-lived Society ［J］. Annals of Tourism Research, 1986, 13 (2): 215-238.

［40］Geremek B. Heretical Movements and Social Rootlessness in The Late Middle-Ages ［J］. Annales-Economies Societes Civilisations, 1982, 37 (1): 186-192.

［41］Gronroos C. Conceptualising Value Co-creation: A Journey to the 1970s and Back to the Future ［J］. Journal of Marketing Management, 2012, 28 (13-14): 1520-1534.

［42］Guest A. M. and Lee B. A. Sentiment and Evaluation as Ecological Variables ［J］. Sociological Perspectives, 1983, 26 (2): 159-184.

［43］Gu H. and Ryan C. Place Attachment, Identity and Community Impacts of Tourism: The Case of a Beijing Hutong ［J］. Tourism Management, 2008, 29 (4):

637-647.

［44］Hailu G. , Boxall P. C. and McFarlane B. L. The Influence of Place Attachment on Recreation Demand ［J］. Journal of Economic Psychology, 2005, 26 （4）: 581-598.

［45］Hidalgo M. C. and Hernandez B. Place Attachment: Conceptual and Empirical Questions ［J］. Journal of Environmental Psychology, 2001, 21 （3）: 273-281.

［46］Hull R. B. and Vigo G. Urban Nature, Place Attachment, Health, and Well-being ［A］. Relf D. The Role of Horticulture in Human Well-being and Social Development ［C］. Portland: Timber Press, 1990.

［47］Hull R. B. Image Congruity, Place Attachment and Community Design ［J］. Journal of Architectural and Planning Research, 1992, 9 （3）: 181-192.

［48］Hummon D. M. Community Attachment ［A］. Altman I. and Low S. M. Place Attachment ［C］. New York: Plenum Press, 1992.

［49］Hussain T. , Abbas J. , and Li B. Natural Resource Management for the World's Highest Park: Community Attitudes on Sustainability for Central Karakoram National Park, Pakistan ［J］. Sustainability, 2017, 9 （6）: 972.

［50］Hwang S. N. , Lee C. , and Chen H. J. The Relationship among Tourists' Involvement, Place Attachment and Interpretation Satisfaction in Taiwan's National Parks ［J］. Tourism Management, 2005, 26 （2）: 143-156.

［51］Ittleson W. H. Environment Perception and Contemporary Perceptual Theory ［A］. Ittleson W. Environment and Cognition ［C］. New York: Seminar Press, 1973.

［52］John C. , Austin M. D. , and Baba Y. The Question of Community Attachment Revisited ［J］. Sociological Spectrum, 1986, 6 （6）: 411-431.

［53］Jones S. Virtual Culture: Identity and Communication in Cybersociety ［M］. London: Sage, 1997.

［54］Jurowski C. , Uysal M. , and Williams D. R. A Theoretical Analysis of Host Community Resident Reactions to Tourism ［J］. Journal of Travel Research, 1997, 36 （2）: 3-11.

［55］Kaltenborn B. P. and Williams D. R. The Meaning of Place: Attachments to Femundsmarka National Park, Norway, among Tourists and Locals ［J］. Norsk Geografisk Tidsskrift Norwegian Journal of Geography, 2002, 56 （3）: 189-198.

［56］Kavoura A. and Stavrianea A. Following and Belonging to an Online Travel

Community in Social Media, Its Shared Characteristics and Gender Differences [J]. Procedia Social and Behavioral Sciences, 2015 (175): 515-521.

[57] Keene D. E. , Padilla M. B. , and Geronimus A. T. Leaving Chicago for Iowa's "Fields of Opportunity": Community Dispossession, Rootlessness, and the Quest for Somewhere to "Be OK" [J]. Human Organization, 2010, 69 (3): 275-284.

[58] Kim J. H. and Ritchie J. R. B. Cross – Cultural Validation of a Memorable Tourism Experience Scale (MTES) [J]. Journal of Travel Research, 2014, 53 (3): 323-335.

[59] Kim J. H. , Ritchie J. R. B. , and McCormick B. Development of a Scale to Measure Memorable Tourism Experiences [J]. Journal of Travel Research, 2012, 51 (1): 12-25.

[60] Kim W. G. , Lee C. , and Hiemstra S. J. Effects of an Online Virtual Community on Customer Loyalty and Travel Product Purchases [J]. Tourism Management, 2004, 25 (2): 343-355.

[61] Klang M, Olsson S. Virtual Communities [C]. Proceedings of 22nd Information Research in Scandinavia, 1999: 249-260.

[62] Koh J. and Kim Y. G. Sense of Virtual Community: A Conceptual Framework and Empirical Validation [J]. International Journal of Electronic Commerce, 2003, 8 (2): 75-94.

[63] Kunz W. and Seshadri S. From Virtual Travelers to Real Friends: Relationship-building Insights from an Online Travel Community [J]. Journal of Business Research, 2015, 68 (9): 1822-1828.

[64] Kyle G. , Graefe A. , and Manning R. Testing the Dimensionality of Place Attachment in Recreational Settings [J]. Environment & Behavior, 2005, 37 (2): 153-177.

[65] Kyle G. , Graefe A. , Manning R. , and Bacon J. An Examination of the Relationship between Leisure Activity Involvement and Place Attachment among Hikers along the Appalachian Trail [J]. Journal of Leisure Research, 2003, 35 (3): 249-273.

[66] Kyle G. T. , Bricker K. , Graefe A. R. , and Wickham T. D. An Examination of Recreationists' Relationships with Activities and Settings [J]. Leisure Sciences, 2004b, 26 (2): 123-142.

[67] Kyle G. T. , Mowen A. J. , and Tarrant M. Linking Place Preferences

with Place Meaning: An Examination of the Relationship between Place Motivation and Place Attachment [J]. Journal of Environmental Psychology, 2004a, 24 (4): 439-454.

[68] Lalli M. Urban Related Identity: Theory, Measurement and Empirical Findings [J]. Journal of Environmental Psychology, 1992, 12 (4): 285-303.

[69] Lee H., Reid E., and Kim W. G. Understanding Knowledge Sharing in Online Travel Communities Antecedents and the Moderating Effects of Interaction Modes [J]. Journal of Hospitality & Tourism Research, 2014, 38 (2): 222-242.

[70] Lefebvre H. The Production of Space [M]. Oxford: Wiley-Blackwell, 1992: 1-38.

[71] Low S. M. Symbolic Ties that Bind [A]. Altman I. and Low S. M. Place Attachment [C]. New York: Plenum Press, 1992: 165-185.

[72] Manzo L. C. Beyond House and Haven: Toward a Revisioning of Emotional Relationships with Places [J]. Journal of Environmental Psychology, 2003, 23 (1): 47-61.

[73] Matarrita-Cascante D. and Luloff A. E. Profiling Participative Residents in Western Communities [J]. Rural Sociology, 2008, 73 (1): 44-61.

[74] Mazanti B. and Ploger J. Community Planning-from Politicised Places to Lived Spaces [J]. Journal of Housing and the Built Environment, 2003, 18 (4): 309-327.

[75] Mazumdar Shampa and Mazumdar Sanjoy. Religion and Place Attachment: A Study of Sacred Places [J]. Journal of Environmental Psychology, 2004, 24 (3): 385-397.

[76] McAndrew F. T. The Measurement of "Rootedness" and the Prediction of Attachment to Home-towns in College Students [J]. Journal of Environmental Psychology, 1998, 18 (4): 409-417.

[77] McCabe S. and Stokoe E. H. Place and Identity in Tourists' Accounts [J]. Annals of Tourism Research, 2004, 31 (3): 601-622.

[78] Mccool S. F. and Martin S. R. Community Attachment and Attitudes Toward Tourism Development [J]. Journal of Travel Research, 1994, 32 (3): 29-34.

[79] McMillan D. W. and Chavis D. W. Sense of Community: A Definition and Theory [J]. Journal of Community Psychology, 1986, 14 (1): 6-23.

［80］ Moore R. L. and Graefe A. R. Attachments to Recreation Settings: The Case of Rail-train Users ［J］. Leisure Sciences, 1994, 16 (1): 17-31.

［81］ Moore R. L. and Scott D. Place Attachment and Context: Comparing a Park and a Trail Within ［J］. Forest Science, 2003, 49 (6): 877-884.

［82］ Murphy P. E. Tourism: A Community Approach ［M］. New York: Methuen, 1985.

［83］ Nairn I. The American Landscape ［M］. New York: Random House, 1965.

［84］ Oakeshott M. Experience and Its Modes ［M］. Cambridge: Cambridge University Press, 1933.

［85］ Papastergiadis N. Dialogues in the Diaspora: Essays and Conversations on Cultural Identity ［M］. London: Rivers Oram Press, 1998.

［86］ Pentina I., Prybutok V. R. and Zhang X. The Role of Virtual Communities as Shopping Reference Groups ［J］. Journal of Electronic Commerce Research, 2008, 9 (2): 114-136.

［87］ Pretty G. H., Chipuer H. M., and Bramston P. Sense of Place Amongst Adolescents and Adults in Two Rural Australian Towns: The Discriminating Features of Place Attachment, Sense of Community and Place Dependence in Relation to Place Identity ［J］. Journal of Environmental Psychology, 2003, 23 (3): 273-287.

［88］ Prohansky H. M., Fabian A. K., and Kaminoff R. Place-identity: Physical World Socialization of the Self ［J］. Journal of Environmental Psychology, 1983, 3 (1): 57-83.

［89］ Qu H. and Lee H. Travelers' Social Identification and Membership Behaviors in Online Travel Community ［J］. Tourism Management, 2011, 32 (6): 1262-1270.

［90］ Relph E. Place and Placelessness ［M］. London: Pion, 1976.

［91］ Reuschke D. and Ham M. V. Testing the "Residential Rootedness": Hypothesis of Self-Employment for Germany and the UK ［J］. Environment and Planning A, 2013, 45 (5): 1219-1239.

［92］ Rheingold H. The Virtual Community: Homesteading on the Electronic Frontier ［M］. MIT: Addison Wesley, 1993.

［93］ Richard A. Wanner. The Encyclopedic Dictionary of Sociology ［M］. Guildford: Dushkin Publishing Group, 1986.

［94］ Rollero C. and Piccoli N. D. Place Attachment, Identification and Environment Perception: An Empirical Study [J]. Journal of Environmental Psychology, 2010, 30 (2): 198-205.

[95] Rudy M. S., Laura E. S., Diane M. K., et al. Relationships among Resident Participation in Nature and Heritage Tourism Activities, Place Attachment, and Sustainability in three Hudson River Valley Communities [J]. Journal of Park and Recreation Administration, 2011, 29 (3): 55-69.

[96] Ryan M. M. and Ogilvie M. Examining the Effects of Environmental Interchangeability with Overseas Students: A Cross Cultural Comparison [J]. Asia Pacific Journal of Marketing and Logistics, 2001, 13 (3): 63-74.

[97] Salamon S. From Hometown to Nontown: Rural Community Effects of Suburbanization [J]. Rural Sociology, 2003, 68 (1): 1-24.

[98] Sanchez-Franco M. J. and Rondan-Cataluna F. J. Virtual Travel Communities and Customer Loyalty: Customer Purchase Involvement and Web Site Design [J]. Electronic Commerce Research & Applications, 2010, 9 (2): 171-182.

[99] Sharpe E. K. and Ewert A. W. Interferences in Place Attachment: Implications for Wilderness [J]. USDA Forest Service Proceedings, 2000 (3): 218-222.

[100] Sheller M. and Urry J. The New Mobilities Paradigm [J]. Environment and Planning A, 2006, 38 (1): 207-226.

[101] Smith J. S. Rural Place Attachment in Hispanic Urban Centers [J]. Geographical Review, 2002, 92 (3): 432-451.

[102] Somerville P. Homelessness and The Meaning of Home: Rooflessness or Rootlessness [J]. International Journal of Urban and Regional Research, 1992, 16 (4): 529-539.

[103] Stedman R., Beckley T., Wallace S., and Ambard M. A Picture and 1000 Words: Using Resident-employed Photography to Understand Attachment to High Amenity Places [J]. Journal of Leisure Research, 2004, 36 (4): 580-606.

[104] Stedman R. C. Understanding Place Attachment Among Second Home Owners [J]. American Behavioral Scientist, 2006, 50 (2): 187-205.

[105] Steele F. The Sense of Place [M]. Boston: CBI Publishing Company Inc., 1981.

[106] Strzelecka M., Boley B. B., and Woosnam K. M. Place Attachment and Empowerment: Do Residents Need to Be Attached to Be Empowered? [J]. Annals of

Tourism Research, 2017（66）：61-73.

［107］Sundblad D. R. and Sapp S. G. The Persistence of Neighboring as a Determinant of Community Attachment：A Community Field Perspective ［J］. Rural Sociology, 2011, 76（4）：511-534.

［108］Torres E. N. Guest Interactions and the Formation of Memorable Experiences：An Ethnography ［J］. International Journal of Contemporary Hospitality Management, 2016, 28（10）：2132-2155.

［109］Tosun C. Host Perceptions of Impacts：A Comparative Tourism Study ［J］. Annals of Tourism Research, 2002, 29（1）：231-253.

［110］Trauer B, Ryan C. Destination Image, Romance and Place Experience：An Application of Intimacy Theory in Tourism ［J］. Tourism Management, 2005, 26（4）：481-491.

［111］Trentelman C. K. Place Attachment and Community Attachment：A Primer Grounded in the Lived Experience of a Community Sociologist ［J］. Society and Natural Resources, 2009, 22（3）：191-210.

［112］Tuan Y. F. Humanistic Geography ［J］. Annals of the Association of American Geographers, 1976, 66（2）：266-276.

［113］Tuan Y. F. Space and Place：The Perspective of Experience ［M］. Minneapolis：University of Minnesota Press, 1977.

［114］Tuan Y. F. Topophilia ［M］. Englewood Cliffs：Prentice-Hall, 1974.

［115］Twigger-Ross C. L. and Uzzell D. L. Place and Identity Processes ［J］. Journal of Environmental Psychology, 1996, 16（3）：205-220.

［116］Urry J. Sociology beyond Societies：Mobilities for the Twenty-first Century ［M］. London：Routledge, 2000.

［117］Vaske J. J. and Kobrin K. C. Place Attachment and Environmentally Responsible Behavior ［J］. The Journal of Environmental Education, 2001, 32（4）：16-21.

［118］Wang Y. and Fesenmaier D. R. Modeling Participation in an Online Travel Community ［J］. Journal of Travel Research, 2004a, 42（3）：261-270.

［119］Wang Y. and Fesenmaier D. R. Towards Understanding Members' General Participation in and Active Contribution to an Online Travel Community ［J］. Tourism Management, 2004b, 25（6）：709-722.

［120］ Wang Y. , Yu Q. , and Fesenmaier D. R. Defining the Virtual Tourist Community: Implications for Tourism Marketing ［J］. Tourism Management, 2002, 23 (4): 407-417.

［121］ Weinberg D. H. and Atkinson R. Place Attachment and the Decision to Search for Housing ［J］. Growth and Change, 1979, 10 (2): 22-29.

［122］ Williams D. R. and Patterson M. E. Environmental Psychology: Mapping Landscape Meanings for Ecosystem Management ［A］. Cordell H. K. and Bergstrom J. C. Integrating Social Sciences and Ecosystem Management: Human Dimensions in Assessment, Policy and Management ［C］. Champaign: Sagamore, 1999.

［123］ Williams D. R. and Stewart S. I. Sense of Place: An Elusive Concept that is Finding a Home in Ecosystem Management ［J］. Journal of Forestry, 1998, 96 (5): 18-23.

［124］ Williams D. R. , Patterson M. E. , and Roggenbuck J. W. Beyond the Commodity Metaphor: Examining Emotional and Symbolic Attachment to Place ［J］. Leisure Sciences, 1992, 14 (1): 29-46.

［125］ Williams D. R. , Roggenbuck J. W. Measuring Place Attachment: Some Preliminary Result ［C］. Proceeding of NRPA Symposium on Leisure Research, San Antonio. TX, 1989.

［126］ Winkel G. The Perception of Neighbourhood Change ［A］. Harvey J. Cognition and Social Behaviour and the Environment ［C］. New York: Erlbaum, 1981.

［127］ Woo Gon Kima, Chang Leeb, Stephen J. Hiemstrac. Effects of an Online Virtual Community on Customer Loyalty and Travel Product Purchases ［J］. Tourism Management, 2004, 25 (3): 343-355.

［128］ Wright J. K. Human Nature in Geography: Fourteen Papers 1925-1965 ［M］. Cambridge, MA: Harvard University Press, 1966.

［129］ Wu J. J. and Chang Y. S. Towards Understanding Members' Interactivity, Trust, and Flow in Online Travel Community ［J］. Industrial Management & Data Systems, 2005, 105 (7): 937-954.

［130］ Yang X. , Zhang X. , and Gallagher K. P. The Moderating Effect of Online Community Affiliation and Information Value on Satisfaction with Online Travel Communities in China ［J］. Journal of Global Information Technology Management, 2016, 19 (3): 190-208.

［131］R.E.帕克，等．城市社会学［M］．宋俊岭，等译．北京：华夏出版社，1987.

［132］菲利普·克特勒．市场营销管理（亚洲版）［M］．梅清豪译．北京：中国人民大学出版社，1997.

［133］理查德·皮特．现代地理学思想［M］．周尚意，等译．北京：商务印书馆，2007.

［134］R.J.约翰斯顿．人文地理学词典［M］．柴彦威，等译．北京：商务印书馆，2004.

［135］H.巴凯斯，路紫．从地理空间到地理网络空间的变化趋势［J］．地理学报，2000，55（1）：104-111.

［136］艾少伟，李娟，段小微．城市回族社区的地方性——基于开封东大寺回族社区地方依恋研究［J］．人文地理，2013，28（6）：22-28.

［137］白凯．乡村旅游地场所依赖和游客忠诚度关联研究——以西安市长安区"农家乐"为例［J］．人文地理，2010，25（4）：120-125.

［138］保继刚，杨昀．旅游商业化背景下本地居民地方依恋的变迁研究——基于阳朔西街的案例分析［J］．广西民族大学学报（哲学社会科学版），2012，34（4）：49-54.

［139］卞显红，沙润，邹丽敏，黄震方．旅游与社区一体化发展研究［J］．地域研究与开发，2005，24（5）：71-76.

［140］柴晋颖．虚拟社区知识共享研究［D］．杭州：浙江工业大学，2007.

［141］常江，谢涤湘，陈宏胜，吴蓉．城市更新对居民社区依恋的影响：基于广州新老社区的对比研究［J］．现代城市研究，2019（9）：67-74.

［142］陈德富，杜义飞，倪得兵，李仕明．技术能力演化路径与利基市场选择：MY公司的案例研究［J］．管理学报，2011，8（9）：1291-1297.

［143］陈福平，黎熙元．当代社区的两种空间：地域与社会网络［J］．社会，2008（5）：41-57.

［144］陈凯仁，龙茂乾，李贵才．超大城市城中村外来人口归属感研究——以深圳上步村为例［J］．地域研究与开发，2017，36（5）：64-68+74.

［145］程绍文，张捷，胡静，XU Feifei．中英国家公园旅游可持续性比较研究——以中国九寨沟和英国新森林国家公园为例［J］．人文地理，2013，28（2）：20-26.

［146］程玉申．中国城市社区发展研究［M］．上海：华东师范大学出版

社，2002.

[147] 邓梦麒，陈佳，温馨，杨新军．农户感知视角下乡村旅游效应及社区归属感影响因素研究——以延安市为例［J］．中国农业资源与区划，2019，40（12）：283-292.

[148] 邓秀勤，朱朝枝．农业转移人口市民化与地方依恋：基于快速城镇化背景［J］．人文地理，2015，30（3）：85-88+96.

[149] 董乂铭，郭炎，李志刚，李文姝，林赛南．快速城镇化下乡村环境感知对乡村依恋的影响——以湖南岳阳市为例［J］．地域研究与开发，2020，39（2）：99-104.

[150] 范业正．旅游地社区的规划与管理［J］．规划师，2000（1）：25.

[151] 封丹，李鹏，朱竑．国外"家"的地理学研究进展及启示［J］．地理科学进展，2015，34（7）：809-817.

[152] 高燕，邓毅，张浩，王建英，梁滨．境外国家公园社区管理冲突：表现、溯源及启示［J］．旅游学刊，2017，32（1）：111-122.

[153] 郭安禧，郭英之，李海军，姜红．居民旅游影响感知对支持旅游开发的影响——生活质量和社区依恋的作用［J］．经济管理，2018，40（2）：162-175.

[154] 郝文丽．旅游虚拟社区情感依恋对旅游活动参与行为的影响研究［D］．南昌：江西财经大学，2017.

[155] 何绍辉．在"扎根"与"归根"之间：新生代农民工社会适应问题研究［J］．青年研究，2008（11）：9-14.

[156] 何肇发．社区概论［M］．广州：中山大学出版社，1991.

[157] 黄芳．论民居旅游开发过程中的居民参与［J］．江汉论坛，2002（10）：42-44.

[158] 黄向．基于管治理论的中央垂直管理型国家公园PAC模式研究［J］．旅游学刊，2008，23（7）：72-80.

[159] 黄雪亮，周大鸣．大社区、小世界：关系型虚拟社区的兴起——以新浪微博社区为例［J］．青海民族研究，2016，27（4）：57-61.

[160] 胡向红，张高军．虚拟社区人际关系对旅游行为意向影响的实证研究［J］．地理与地理信息科学，2015，31（4）：116-120.

[161] 胡洋．庐山风景名胜区相关社会问题整合规划方法初探［D］．北京：清华大学，2005.

［162］蒋盛兰，宁艳杰．重庆市绿色物业管理措施与居民归属感关系实证研究［J］．中国人口·资源与环境，2015，25（S1）：542-546．

［163］金如委，宫宝利．"乡村新移民"地方感研究——基于浙江省的实证调查［J］．天津师范大学学报（社会科学版），2017（6）：61-65．

［164］梁德阔．西递、宏村古村落的股份合作制经营模式设计［J］．中国人口·资源与环境，2005，15（4）：123-126．

［165］林晓娜，王浩，李华忠．乡村振兴战略视角下乡村休闲旅游研究：村民参与、影响感知及社区归属感［J］．东南学术，2019（2）：108-116．

［166］林晓珊．流动性：社会理论的新转向［J］．国外理论动态，2014（9）：90-94．

［167］林元城，杨忍，赖秋萍，王敏．地方感的塑造与乡村治理：潮汕宗祠案例［J］．热带地理，2020，40（4）：732-743．

［168］刘君德，靳润成，张俊芳．中国社区地理［M］．北京：科学出版社，2003．

［169］刘利，成栋，苏欣．意见领袖对旅游虚拟社区参与行为影响的实证研究——以大学生为例［J］．旅游学刊，2018，33（9）：83-93．

［170］刘黎虹，毕思达，贾君．虚拟社区分类系统比较研究［J］．情报科学，2014，32（5）：24-32．

［171］刘于琪，刘晔，李志刚．居民归属感、邻里交往和社区参与的机制分析——以广州市城中村改造为例［J］．城市规划，2017，41（9）：38-47．

［172］刘臻珠，汪坤香，何深静，刘玉亭．广州封闭社区研究：社区环境分析及其对社区依恋的影响机制［J］．现代城市研究，2017（5）：16-24．

［173］龙永红．网络时代的背包旅游文化——以苍穹户外旅游俱乐部为例［J］．旅游学刊，2011，26（11）：71-77．

［174］楼天阳，陆雄文．虚拟社区与成员心理联结机制的实证研究：基于认同与纽带视角［J］．南开管理评论，2011，14（2）：14-25．

［175］楼天阳．虚拟社区成员联结机制研究——基于认同与依恋的视角［D］．上海：复旦大学，2008．

［176］陆敏．古镇（街）旅游社区本地经营者及外来经营者地方依恋的对比研究——以苏州古镇（街）为例［J］．社会科学家，2018（6）：71-80．

［177］罗许伍，徐秀美，李幼常．拉萨古城居民地方依恋及其影响因素研究［J］．地域研究与开发，2017，36（4）：66-70．

［178］苗学玲，保继刚．"众乐乐"：旅游虚拟社区"结伴旅行"之质性研究［J］．旅游学刊，2007，22（8）：48-54.

［179］苗艳梅．城市居民的社区归属感——对武汉市 504 户居民的调查分析［J］．青年研究，2001（1）：36-41.

［180］墨绍山．历史城镇人口置换问题研究——基于云南丽江古城的再思考［J］．经济地理，2013，33（11）：1-6.

［181］聂磊，傅翠晓，程丹．微信朋友圈：社会网络视角下的虚拟社区［J］．新闻记者，2013（5）：71-75.

［182］钱树伟，苏勤，郑焕友．历史街区顾客地方依恋与购物满意度的关系——以苏州观前街为例［J］．地理科学进展，2010，29（3）：355-362.

［183］单菁菁．从社区归属感看中国城市社区建设［J］．中国社会科学院研究生院学报，2006（6）：125-131.

［184］盛维华，曾罗赛，颜啸．安置小区居民归属感的缺失与重塑——以宁波为例［J］．装饰，2017（5）：136-137.

［185］史梁，汤书昆．傣族村寨传播基础结构与社区归属感研究——基于对云南曼朗村的田野调查［J］．当代传播，2014（6）：81-83.

［186］石崧，宁越敏．人文地理学"空间"内涵的演进［J］．地理科学，2005，25（3）：340-345.

［187］苏明明．可持续旅游与旅游地社区发展［J］．旅游学刊，2014，29（4）：8-9.

［188］孙凤芝，贾衍菊．旅游社区居民感知视角下政府信任影响因素——社会交换理论的解释［J］．北京理工大学学报（社会科学版），2020，22（4）：90-99.

［189］孙九霞，保继刚．社区参与旅游发展的相关概念及国内外相关研究进展［A］．保继刚，徐红罡，Alen A. Lew．社区旅游与边境旅游国际研讨会（西双版纳）会议论文集［C］．北京：中国旅游出版社，2006.

［190］孙诗靓，马波．旅游社区研究的若干基本问题［J］．旅游科学，2007，21（2）：29-32.

［191］孙九霞．社区参与旅游发展研究的理论透视［J］．广东技术师范学院学报，2005（5）：89-92.

［192］孙九霞，周尚意，王宁，朱竑，等．跨学科聚焦的新领域：流动的时间、空间与社会［J］．地理研究，2016，35（10）：1801-1818.

[193] 唐梅，刘昱彤. 少数民族转制社区居民的归属感研究——以北京 M 社区为例 [J]. 西南民族大学学报（人文社科版），2010，31（11）：43-48.

[194] 唐顺铁. 旅游目的地的社区化及社区旅游研究 [J]. 地理研究，1998，17（2）：3-5.

[195] 唐文跃. 旅游地地方感研究 [M]. 北京：社会科学文献出版社，2013.

[196] 唐文跃. 旅游开发背景下古村落居民地方依恋对其迁居意愿的影响——以婺源古村落为例 [J]. 经济管理，2014，36（5）：124-132.

[197] 唐文跃. 皖南古村落居民地方依恋特征分析——以西递、宏村、南屏为例 [J]. 人文地理，2011，26（3）：51-55.

[198] 唐文跃，张捷，罗浩，卢松，杨效忠. 古村落居民地方依恋与资源保护态度的关系——以西递、宏村、南屏为例 [J]. 旅游学刊，2008，23（10）：87-92.

[199] 唐云锋，刘涛，徐小溪. 公共场域重构、社区归属感与失地农民城市融入 [J]. 中国农业大学学报（社会科学版），2019，36（4）：78-85.

[200] 王纯阳，屈海林. 村落遗产地居民保护行为影响因素研究 [J]. 经济管理，2013，35（12）：121-129.

[201] 王金莲，苏勤，吴骁骁，段圣奎. 旅游地理学视角下第二居所旅居研究 [J]. 人文地理，2019，34（1）：90-98.

[202] 汪坤，刘臻，何深静. 广州封闭社区居民社区依恋及其影响因素 [J]. 热带地理，2015，35（3）：354-363.

[203] 王舒媛，白凯. 西安回坊旅游劳工移民的地方依恋与幸福感 [J]. 旅游学刊，2017，32（10）：12-27.

[204] 王松，丁霞，李芳. 网络嵌入对虚拟品牌社区顾客参与价值共创的影响研究——自我决定感的中介和社区支持的调节 [J]. 软科学，2019，33（11）：107-112.

[205] 王婷婷，徐耀耀，马秋芳. 基于扎根理论的旅游虚拟社区分享帖功能研究 [J]. 北京第二外国语学院学报，2011，197（9）：11-17.

[206] 王翔. 共建共享视野下旅游社区的协商治理研究——以鼓浪屿公共议事会为例 [J]. 旅游学刊，2017，32（10）：91-103.

[207] 王学婷，张俊飚，童庆蒙. 地方依恋有助于提高农户村庄环境治理参与意愿吗？——基于湖北省调查数据的分析 [J]. 中国人口·资源与环境，

2020, 30（4）：136-148.

[208] 王跃伟，陈航，黄杰，张春雨，王婷. 旅游虚拟品牌社群影响网络品牌行为忠诚的作用机理研究——基于心流体验的分析视角 [J]. 旅游科学，2016, 30（2）：54-67.

[209] 王兆峰，向秋霜. 景观感知和地方依恋对居民文化补偿认知的影响与分异 [J]. 经济地理，2020, 40（5）：220-229.

[210] 卫跃平，高宇. 丽江大研古城居民置换分析 [J]. 西南林学院学报，2008, 28（2）：73-76.

[211] 温忠麟，张雷，侯杰泰，等. 中介效应检验程序及其应用 [J]. 心理学报，2004, 36（5）：614-620.

[212] 吴慧，肖廷，周玲. 旅游虚拟社区用户参与对忠诚的倒"U"形作用机理 [J]. 旅游学刊，2017, 32（2）：65-74.

[213] 吴莉萍，周尚意. 城市化对乡村社区地方感的影响分析——以北京三个乡村社区为例 [J]. 北京社会科学，2009（2）：30-35.

[214] 吴文秀，张宏梅，陈薇，张业臣. 顾客融入行为对旅游移动平台忠诚度的影响研究——以携程 App 为例 [J]. 人文地理，2019, 34（5）：126-134.

[215] 吴晓林，谭晓琴. 破解"陌生人社区"困境：社区归属感研究的一项评估 [J]. 行政论坛，2020, 27（2）：118-124.

[216] 吴寅姗，陈家熙，钱俊希. 流动性视角下的入藏火车旅行研究：体验、实践、意义 [J]. 旅游学刊，2017, 32（12）：17-27.

[217] 吴悦芳，徐红罡. 季节性退休流动者"家"的地方依恋——以三亚为例 [J]. 人文地理，2019, 34（5）：62-68.

[218] 夏建中. 现代西方城市社区研究的主要理论与方法 [J]. 燕山大学学报（哲学社会科学版），2000, 1（2）：1-6.

[219] 奚从清. 社会学原理 [M]. 杭州：浙江大学出版社，1996.

[220] 谢涤湘，谭俊杰，常江. 广州市老城区老年人及青壮年的社区依恋异同研究 [J]. 城市发展研究，2019, 26（5）：16-21.

[221] 谢礼珊，王鼎. 旅游虚拟社区服务质量与社区成员忠诚感研究 [A]. 中国市场学会. 中国市场学会 2006 年年会暨第四次全国会员代表大会论文集 [C]. 北京：中国市场学会，2006.

[222] 谢礼珊，赵强生，马康. 旅游虚拟社区成员互动、感知利益和公民行为关系——基于价值共创的视角 [J]. 旅游学刊，2019, 34（3）：28-40.

[223] 徐冬莉，江若尘．关系资本、知识共享与虚拟社区忠诚的实证研究[J]．经济问题探索，2012（10）：143-149.

[224] 薛熙明，封丹．变动中的家与地方：一个关联性的研究综述[J]．人文地理，2016，31（4）：9-16.

[225] 徐红罡，唐香姐．流动性视角下打工旅游者行为特征研究——以大理古城为例[J]．人文地理，2015，30（4）：129-135.

[226] 徐晓军，欧利．返乡青年农民工的游民化风险[J]．当代青年研究，2009（5）：10-18.

[227] 许振晓，张捷，Geoffrey Wall，曹靖，张宏磊．居民地方感对区域旅游发展支持度影响——以九寨沟旅游核心社区为例[J]．地理学报，2009，64（6）：736-744.

[228] 杨茜好，朱竑．西方人文地理学的"流动性"研究进展与启示[J]．华南师范大学学报（自然科学版），2015，47（2）：1-11.

[229] 姚国荣，陆林，章德辉．古村落开发与旅游运营机制研究——以安徽省黟县宏村为例[J]．农业经济问题，2004（4）：68-70.

[230] 叶继红．城郊农民集中居住区移民社区归属感研究[J]．西北人口，2011，32（3）：27-30.

[231] 殷闽华．社区治理中的物业管理：服务质量对居民归属感的影响[J]．东南学术，2020（3）：162-171.

[232] 原珂．中国特大城市社区冲突与治理研究[D]．天津：南开大学，2016.

[233] 袁振龙．社区认同与社区治安——从社会资本理论视角出发的实证研究[J]．中国人民公安大学学报（社会科学版），2010，26（4）：110-116.

[234] 于伟，张彦．旅游虚拟社区参与者行为倾向形成机理实证分析[J]．旅游科学，2010，24（4）：77-83.

[235] 余意峰．旅游虚拟社区：概念、内涵与互动机理[J]．湖北大学学报（哲学社会科学版），2012，39（1）：111-114.

[236] 余意峰，张春燕，曾菊新，等．民族旅游地旅游者原真性感知、地方依恋与忠诚度研究——以湖北恩施州为例[J]．人文地理，2017，32（2）：145-151.

[237] 余勇，田金霞，粟娟．场所依赖与游客游后行为倾向的关系研究——以价值感知、满意体验为中介变量[J]．旅游科学，2010，24（3）：54-62+74.

［238］张爱平，钟林生，徐勇．国外旅游虚拟社区研究进展及启示［J］．人文地理，2013，28（5）：6-11.

［239］张朝枝，曾莉萍，林红霞．社区居民对景区开发企业社会责任的感知——基于地方依恋的视角［J］．人文地理，2015，30（4）：136-142.

［240］张朝枝，张鑫．流动性的旅游体验模型建构——基于骑行入藏者的研究［J］．地理研究，2017，36（12）：2332-2342.

［241］张春晖，白凯．乡村旅游地品牌个性与游客忠诚：以场所依赖为中介变量［J］．旅游学刊，2011，26（2）：49-57.

［242］张高军，李君轶，毕丽芳，庞璐．旅游同步虚拟社区信息交互特征探析——以QQ群为例［J］．旅游学刊，2013，28（2）：119-126.

［243］张灏．大学生社区感研究［D］．成都：四川师范大学，2010.

［244］张捷，顾朝林，都金康，等．计算机网络信息空间（Cyberspace）的人文地理学研究进展与展望问题讨论［J］．地理科学，2000，20（4）：368-374.

［245］张继涛．乡村旅游社区的社会变迁［D］．华中师范大学，2009.

［246］张凌云，黎巎，刘敏．智慧旅游的基本概念与理论体系［J］．旅游学刊，2012，27（5）：66-73.

［247］赵玲，鲁耀斌，邓朝华．基于社会资本理论的虚拟社区感研究［J］．管理学报，2009，6（9）：1169-1175.

［248］赵芩芩，张梦，付晓蓉．物质奖励对旅游虚拟社区再分享意愿影响研究［J］．旅游学刊，2018，33（3）：39-49.

［249］赵欣，周密，于玲玲，等．基于情感依恋视角的虚拟社区持续使用模型构建——超越认知判断模式［J］．预测，2012，31（5）：14-20.

［250］周刚，裴蕾．旅游虚拟社区中参与者行为及其动机的实证研究［J］．新闻界，2016（12）：61-68.

［251］周尚意，杨鸿雁，孔翔．地方性形成机制的结构主义与人文主义分析［J］．地理研究，2011，30（9）：1566-1576.

附　录

附录一　婺源古村落居民问卷调查表

一、旅游开发与古村落保护问题（请您在相应的数字序号上打√）

1. 您觉得古村是否应该进行旅游开发：
①应该　　　　　　　　　②不应该

2. 为了旅游开发，是否应该加强古村落的保护：
①应该　　　　　　　　　②不应该

3. 您认为本村属于哪一级文物保护单位：
①国家级　　　②省级　　　③市级　　　　④县级　　　　⑤不知道

4. 您认为祖上留传下来的古民居价值：
①很高　　　　②高　　　　③一般　　　　④低　　　　　⑤很低

5. 您认为本村的古建筑保护现状为：
①很好　　　　②好　　　　③一般　　　　④差　　　　　⑤很差

6. 您觉得古村落保护的最大障碍是：
①村民的保护意识不强　　　　　　　　②保护资金不足
③村民的住房问题得不到解决　　　　　④其他_____

7. 您家住房的主要困难表现在（可多选）：
①生活设施差　　　　　　②光线不好　　　　　　③年久失修
④人多住不下　　　　　　⑤其他_____

8. 您认为村民住房困难问题应如何解决：
①维修老宅继续住　　　②村外建新居住区
③扩建或拆除重建　　　④其他_____

9. 如果政府在村子附近合适的地方建新居住区，您家愿意迁居吗？

①愿意　　　　　　　②不愿意　　　　　　③看情况

10. 如果为了保护古村落需要迁出部分村民，您希望迁到哪个地方：

①村子附近　　　　　②镇上　　　　　③县城　　　　④其他地方

11. 以下方面在您的生活中最重要的是（最多选三项）：

①本村的生活居住环境　　　　　　②祖上留下来的古民居建筑

③家族成员和宗族组织　　　　　　④亲友和邻居对您的帮助

⑤古村落旅游开发给您带来的好处　　⑥本村的传统文化和民俗活动

⑦您家的耕地和农业收入

12. 您觉得古村落中最有价值的是：

①古民居建筑　　　　　　　　②传统的地方文化

③生活居住环境　　　　　　　④其他_____

13. 您觉得古村落的旅游开发和管理中，应该（可多选）：

①多给村民安排工作岗位，增加就业

②让村民参与景区的经营管理

③在古村旅游开发决策中听取村民的意见

④其他_____

14. 您觉得古村旅游开发给您带来最大的好处是：

①增加了收入，提高了生活水平

②增加了与外界的联系，开阔了眼界

③完善了生活设施，改善了生活环境

④其他_____

15. 您觉得古村旅游开发给您带来最大的坏处是：

①大量游客干扰了您的生活　　　　②破坏了原先纯朴的人际关系

③造成了环境破坏和污染　　　　　④其他_____

16. 您的家庭收入来源：

①主要来自旅游业　　②部分来自旅游业　　③不来自旅游业

17. 您家有_____口人，其中，在旅游部门工作或从事旅游业经营的有_____人。

18. 2010 年您家的年收入_____元，其中，旅游分红是_____元，旅游生意经营收入_____元，维修古民居实际花费_____元。

19. 您觉得应该如何加强古村落的保护：_____

20. 您对古村落的旅游开发和管理还有哪些意见和建议：_____

二、请您对以下说法的同意程度进行判断，在相应数字上打√（1表示非常不同意，2表示不同意，3表示中立，4表示同意，5表示非常同意）

题项	非常不同意	不同意	中立	同意	非常同意	题项	非常不同意	不同意	中立	同意	非常同意
您为自己生活在这个村子而感到骄傲和自豪	1	2	3	4	5	您觉得您离不开这个村子和这个村子里的人	1	2	3	4	5
您从来没有想过要搬出这个村子而到其他地方居住	1	2	3	4	5	除非外出办事，平时您更喜欢待在村子里	1	2	3	4	5
您认为这个村子比其他任何地方都更适合人居住	1	2	3	4	5	您对这个村子的喜欢程度胜过其他任何地方	1	2	3	4	5
当您有困难时总能在这个村子中得到帮助	1	2	3	4	5	出门在外时，您经常想起您居住的这个小村庄	1	2	3	4	5
在这个村子生活比在其他地方生活更能让您感到满意	1	2	3	4	5	这个村子给您提供了其他地方无法提供的生活条件	1	2	3	4	5
如果迁居有利于保护古村落，您愿意迁出	1	2	3	4	5	为了更好地保护古村落，应该迁出一部分村民	1	2	3	4	5
如果新居民点离古村落不远，您会考虑迁出	1	2	3	4	5	如果有相应的住房补贴，您愿意迁出古村落	1	2	3	4	5
迁居是解决村民住房问题的最好办法	1	2	3	4	5	迁出部分村民是保护古村落的重要措施之一	1	2	3	4	5

三、请您对以下古村落保护措施的重要性程度进行评价，在相应数字上打√（1 表示很不重要，2 表示不重要，3 表示一般，4 表示重要，5 表示非常重要）

题项	很不重要	不重要	一般	重要	非常重要	题项	很不重要	不重要	一般	重要	非常重要
保护古村落的原貌	1	2	3	4	5	增强村民的古村落保护意识	1	2	3	4	5
保护古村周围的自然生态环境	1	2	3	4	5	禁止对民居进行随意扩建和改建	1	2	3	4	5
保护古村落的传统文化和特色民俗活动	1	2	3	4	5	治理环境污染，保护居民生活环境和旅游环境	1	2	3	4	5
提高居民对古村落价值的认识	1	2	3	4	5	为保护古村落而控制游客人数	1	2	3	4	5

四、您的个人基本情况

1. 您的性别：

①男　　　　　　　　②女

2. 您的年龄：

①20 岁及以下　　　②21~35 岁　　　　③36~50 岁

④51~65 岁　　　　⑤66 岁及以上

3. 您的文化程度：

①小学及以下　　　②初中　　　　③高中/中专　　　④大专以上

4. 您的职业：

①农民　　　　　　　　　　②个体旅游经营者

③个体非旅游经营者　　　　④其他_____

5. 您是否出生于本村：

①是　　　　　　　　②否

6. 您在本村的居住时间：

①10 年及以下　　　②11~20 年　　　　③21 年及以上

附录二 庐山牯岭镇居民访谈提纲

1. 您是牯岭镇人吗？＿＿＿＿＿＿，您在牯岭的居住时间：＿＿＿＿＿年。

2. 庐山管理局提出居民下迁计划，您是否愿意搬迁？＿＿＿＿＿＿＿＿

1) 如果愿意，主要原因是＿＿＿＿＿＿＿＿＿＿

2) 如果不愿意，主要原因是＿＿＿＿＿＿＿＿＿＿

3. 您平时基本上都待在山上吗？＿＿＿＿＿

4. 牯岭居民从事的职业大都与旅游相关吗？主要是：＿＿＿＿＿＿＿

5. 您认为牯岭镇的居民存在突出的住房困难吗？＿＿＿＿＿＿＿＿

6. 您希望通过居民下迁解决住房问题吗？＿＿＿＿＿＿＿＿

7. 牯岭这个地方最让您留恋的是什么？＿＿＿＿＿＿＿＿

8. 迁下山后，您最关注的问题或最大的顾虑是什么？＿＿＿＿＿＿＿

9. 对于居民搬迁，您觉得政府应给予哪些方面的政策或补偿？＿＿＿＿

10. 您觉得庐山旅游发展给您带来的经济上的影响主要是什么？＿＿＿

11. 您的家庭收入来源主要靠什么？与旅游有关的收入大概占多大比例？

＿＿＿＿＿＿＿＿＿＿＿＿＿＿＿＿＿＿＿＿＿＿＿＿＿＿＿＿＿＿＿

12. 您感觉庐山旅游发展给牯岭的环境带来了哪些方面的影响？

＿＿＿＿＿＿＿＿＿＿＿＿＿＿＿＿＿＿＿＿＿＿＿＿＿＿＿＿＿＿＿

13. 您觉得庐山环境的污染和破坏主要是由于居民人口增长还是大量游客的到来造成的？＿＿＿＿＿＿＿＿＿＿＿＿＿＿＿＿＿＿＿＿＿＿＿

14. 您感觉当地居民与游客的关系相处得如何？＿＿＿＿＿＿＿＿

15. 您感觉庐山旅游发展有没有给牯岭的社会或文化产生一些影响？

＿＿＿＿＿＿＿＿＿＿＿＿＿＿＿＿＿＿＿＿＿＿＿＿＿＿＿＿＿＿＿

16. 您觉得庐山的旅游资源保护得如何？存在哪些突出的问题？

＿＿＿＿＿＿＿＿＿＿＿＿＿＿＿＿＿＿＿＿＿＿＿＿＿＿＿＿＿＿＿

附录三 驴友俱乐部成员问卷调查表

一、驴友行为特征调查

1. 您成为该驴友群成员的时间为：

①6 个月以下　　　②6~12 个月　　　③1~3 年　　　④3 年以上

2. 您平均每周浏览该驴友群的次数为：

①1 次及以下　　　②2~3 次　　　　③4~6 次　　　④7 次及以上

3. 您平均每天在该驴友群花费的时间为：

①不足半小时　　　②0.5~1 小时　　③1~3 小时　　④3 小时以上

4. 您加入该驴友群的主要目的是：（可多选）

①参加旅游活动　　②获取旅游信息　　③结交志趣相投的朋友

④缓解现实生活、工作压力　　　　　⑤其他_____

5. 下面哪一项能够比较准确地描述您在该驴友群中的行为？

①浏览者，了解俱乐部动态并获取旅游相关的信息

②社交者，发起话题并积极参与由他人发起的话题

③贡献者，为其他成员提供旅游信息或者旅游攻略

④热心者，主动参与策划并组织线下集体旅游活动

⑤其他

6. 您所在驴友群组织线下旅游活动的频率为：

①每月少于 1 次　　②每月 1~3 次　　③每月 4 次及以上

7. 您参加该驴友群组织的旅游活动的频率为：

①从来没有　　　　②每年 1~3 次　　③每年 4~6 次

④每年 7~9 次　　　⑤每年 10 次及以上

8. 您倾向于参加该驴友群何时组织的旅游活动？（可多选）

①周末　　　　　　②寒暑假期间　　　③带薪休假期间

④法定节假日期间　⑤不确定

9. 您每次参加该驴友群组织的旅游活动的花费一般为：

①500 元及以下　　②501~1000 元　　③1001~2000 元

④2001~3000 元　　　⑤3001 元及以上

10. 从出行距离考虑，您倾向于参加驴友群组织的哪种旅游活动：（可多选）

①市内游　　　　②省内游　　　　　③跨省游　　　　　④国际游

11. 参加该驴友群组织的旅行活动时，您最关心的是：（可多选）

①安全　　　　　②费用　　　　　③游伴

④旅游氛围　　　⑤旅游线路　　　⑥其他_____

二、关于该驴友群，您是否同意以下说法，请根据自己的感觉进行判断，并选择相应的同意程度（1 表示"非常不同意"，2 表示"不同意"，3 表示"不太同意"，4 表示"中立"，5 表示"比较同意"，6 表示"同意"，7 表示"非常同意"）

题项	非常不同意	不同意	不太同意	中立	比较同意	同意	非常同意
我很愿意融入该驴友群	1	2	3	4	5	6	7
我觉得自己是该驴友群的一员（有归属感）	1	2	3	4	5	6	7
我与群里其他成员之间可以找到共同点	1	2	3	4	5	6	7
我有义务遵守和维护该驴友群的群规	1	2	3	4	5	6	7
旅行经验丰富的成员能够解答大家的旅行问题	1	2	3	4	5	6	7
该驴友群具有组织线下旅游活动的能力	1	2	3	4	5	6	7
该驴友群成员之间愿意互相帮助	1	2	3	4	5	6	7
该驴友群的意见领袖（如群主、管理员、热心成员等）很乐意为大家服务	1	2	3	4	5	6	7
我在该驴友群投入了很多时间和精力	1	2	3	4	5	6	7
我会经常关注该驴友群的动态	1	2	3	4	5	6	7
我会因为与群成员聊天而影响了其他活动安排	1	2	3	4	5	6	7
我经常积极回应群里其他成员的话题	1	2	3	4	5	6	7
该驴友群组织的旅游活动能够满足我的旅游需求	1	2	3	4	5	6	7
在该驴友群中我能找到跟自己志趣相投的人一起交流	1	2	3	4	5	6	7
该驴友群为我提供了分享和交流旅游经验的平台	1	2	3	4	5	6	7
加入该驴友群有助于我释放现实生活中的压力	1	2	3	4	5	6	7
加入该驴友群使我的生活比以前更加丰富和快乐	1	2	3	4	5	6	7

续表

题项	非常不同意	不同意	不太同意	中立	比较同意	同意	非常同意
与群成员在线交流已成为我日常生活的一部分	1	2	3	4	5	6	7
与群成员建立的这种关系对我很有意义	1	2	3	4	5	6	7
我觉得我们这个驴友群是一个大家庭	1	2	3	4	5	6	7
我认为我加入这个驴友群的决定是正确的	1	2	3	4	5	6	7
我会向喜欢旅游的朋友推荐加入这个群	1	2	3	4	5	6	7

三、对于该驴友群组织的旅游活动，您是否同意以下说法，请根据自己的感觉进行判断，并选择相应的同意程度（1表示"非常不同意"，2表示"不同意"，3表示"不太同意"，4表示"中立"，5表示"比较同意"，6表示"同意"，7表示"非常同意"）

题项	非常不同意	不同意	不太同意	中立	比较同意	同意	非常同意
与该驴友群里的成员一起出来旅游令人开心和兴奋	1	2	3	4	5	6	7
参加该群组织的旅游活动可使我从生活琐事和工作压力中解脱出来	1	2	3	4	5	6	7
该群组织的旅游活动总是让我沉浸其中，全身心地享受旅游的乐趣	1	2	3	4	5	6	7
和该驴友群成员一起游玩的时候，感觉时间过得很快	1	2	3	4	5	6	7
和群里的驴友一起去旅游，感觉这种旅游方式很新鲜	1	2	3	4	5	6	7
和驴友们一起旅游我感觉自己表现得很率性和自然	1	2	3	4	5	6	7
和驴友们一起旅游我没有被其他成员隔离的感觉	1	2	3	4	5	6	7

四、您的个人基本情况

1. 您的常住地：_____市

2. 您的性别：

①男　　　　　　②女

3. 您的年龄段：

①22岁及以下　　②23~30岁　　③31~45岁　　④46岁及以上

4. 您的文化程度：

①初中及以下 ②中专或高中 ③大专

④本科 ⑤硕士及以上

5. 您目前从事的职业：

①在校学生 ②政府及事业单位职员 ③个体经营者

④企业单位职员 ⑤军人 ⑥专业技术人员

⑦工人 ⑧农民 ⑨离退休人员

⑩其他_____

6. 您的平均月收入：

①2000 元及以下 ②2001～5000 元

③5001～8000 元 ④8001 元及以上